■ シリーズ　社会福祉のすすめ **3**

最新
障害者福祉の
すすめ

和田　光一
筒井　澄栄

【編著】

学文社

編著者

＊和田　光一　創価大学文学部名誉教授（第7章）

＊筒井　澄栄　創価大学文学部教授（第1–4章）

　岡崎　幸友　関西福祉大学社会福祉学部准教授（第1章）

　坂本　　圭　川崎医療福祉大学医療福祉マネジメント学部准教授（第5章）

　中井　俊雄　ノートルダム清心女子大学人間生活学部准教授（第6章）

（＊は編者：執筆順）

は じ め に

　日本の障害者福祉は，国際障害者年以降，ノーマライゼーションなどの理念によって障害者の「人権」が守られるようになってきており，社会福祉基礎構造改革などによって，利用者本位の考え方も尊重されるようになってきた。障害の有無にかかわらず，誰もが相互に人格と個性を尊重し合う「共生社会」の実現をめざすものである。

　障害者施策においては，2003（平成15）年の支援費制度の導入により，利用者主体の考え方にかわり，従来の措置制度とは異なる利用者が自分でサービスを契約するという利用・契約制度へと移行した。支援費制度への変更によりサービス利用者数の増加や財源の問題，障害種別間のサービス格差なども指摘されるようになったため，新たに制定されたのが障害者自立支援法2005（平成17年）であった。

　従来，施行されていた障害者自立支援法の内容や問題点を考慮し，障害者自立支援法を改正する形で障害者総合支援法が2013（平成25）年に施行されたのである。

　障害者総合支援法は，さまざまな福祉サービスを，障害や難病のある人個々のニーズに応じて組み合わせ，利用できる仕組みを定めている。

　すなわち，自立支援の考え方であり，どんな重度の障害をもつ人も，自分が生活したい地域で，自分の生き方を自分で選び，自分で判断し決定していくことである。この自立した生活の実現を積極的に支援していく施策が障害者自立支援システム（障害者総合支援法）である。

　しかし，障害者総合支援法の施行後も依然として残っている問題点もあるため，2016（平成28）年には法律の一部を改正する法案が国会で成立し，2018（平成30）４月より施行されている。その内容は，障害のある人が住み慣れた地域で生活するために必要な支援を強化する地域包括ケアシステムの導入である。

　また，2007（平成19）年に，「障害者の権利に関する条約」に署名した後，障害者基本法の改正，障害者差別解消法の成立など国内法の整備も踏まえ，2014（平成26）年2月からわが国で条約の効力が生じることとなった。改めて，すべての国民が障害の有無によって分け隔てられることなく，相互に人格と個性を尊重し合いながら共生する社会の実現に向け，障害を理由とする差別の解消を推進することやユニバーサル社会実現に向けた諸施策を総合的・一体的に推進することが求められている。

　本書は，障害者福祉の理念や障害者自立支援システムを中心として，現状分析し，今後の課題や方向性の提案をすることとした。

　また，障害者福祉を学ぶ者にとって必要な基礎的な知識も習得できるように努めた。執筆者全員が，知的障害，身体障害，精神障害，障害児教育などの豊富な現場の経験者であり，その強みを生かし分析をしている。

　さらに，本書の終わりには，より理解を深める意味で「考えてみましょう」として演習課題を設けたので有効利用していただけたらと思う。同時に，より関心を深くするために，「読者のための参考図書」の解説もしている。これらをレポート課題などに有効活用していただき，障害者福祉の理解の一助になることを期待したい。

　最後に，このような大変な時期に，快く執筆を引き受けていただいた各章執筆者の方々に多大なる苦労をおかけした。感謝の念にたえません。

　また，コロナ禍の中，本書を世に送り出してくださった学文社の田中千津子氏に感謝申し上げたい。

2021年　2月

編著者　和田　光一
　　　　筒井　澄栄

目　　次

第1章　障害者を取り巻く社会情勢と生活実態

　現代社会福祉の理念となっているノーマライゼーションやバリアフリーなどの考え方は，障害者の問題から出発したものである。現行の制度，政策，サービス支援は，それらの理念や基本的な考え方を基盤にしている。

　本章では，障害者福祉の基本理念であるノーマライゼーションやリハビリテーションの考え方の背景や影響を理解することを目的としており，とくにわが国においてどのような障害者に関する問題が展開されてきたかを分析する。また,「障害」という言葉に対する多様な見方とその背景についても分析を試みる。

　身体障害者福祉法などによる「障害」の分類を確認するとともに，障害の概念については，概念モデルとして重要な国際生活機能分類（ICF）をとりあげる。

◯━ キーワード　障害，ICF，法的定義，ノーマライゼーション，リハビリテーション，障害者の実態・歴史

　障害者福祉は,「障害という特徴のある人が，あたりまえの生活をどう組み立て，実現していくのか」を同じ人間として，同じ目線で考え，いっしょに実行していくことである。すなわち，生活課題と施策を学ぶことを通じて「障害」についての意味を考えることである。そのためには，人間尊重の視点に立った理念を理解することである。

　この章では，障害を取り巻く社会的背景を施策などから分析し，障害者の実態や，「障害とは何か」ということを理解する。

1．障害の概念

　障害の概念は多様であり，障害とは何かをひとことでいうのは困難である。法律や制度によって障害の定義が異なり，政策目的が異なれば障害のとらえ方にも違いが生じる。国際障害分類（ICIDH），国際生活機能分類（ICF），法律な

どにおける障害の概念を学び，その意味，意義，それらの関係等について理解
する。

（1）障害ということば

　普段なにげなく使用している「障害者」という言葉は，漢字のイメージや辞
書によると，「妨げになるもの」「身体上の故障」などとなり，それらを総合す
ると「差し障りや害のある人間」となる。1929（昭和4）年に制定された救護
法では，「障碍者」という言葉が使われているが，この「碍」は「さまたげ」「外
を出るのを防ぐ石」といった意味がある。つまり「障碍者」とは，外に出よう
としているけれども，それが何かによってふさがれている人という意味である。
ところが，「碍」という字が当用漢字表になかったため，便宜的に「害」をあて
はめたのが「障害」の始めである。障害という言葉は，1949（昭和24）年の身
体障害者福祉法制定以降一般的になった。

　最近では，「害」を使わずに「障がい」「しょうがい」「障碍」と表記する人び
とが増えている。「障害」とは何かを分析し，上述の動向や背景を知る必要があ
る。

　本書においては，法律的用語としての「障害」を使用するとともに，障害の
ある人びとに『障害』を負わせている（いわゆる二重苦）社会に問題があると
いう意味で，「障害者」という表記をする。

（2）障害の概念
1）国際障害分類（ICIDH）

　障害の個人レベルとしての理解については，1980（昭和55）年に世界保健機
構（WHO）は「国際障害分類（ICIDH）」で，3つのレベルに区分して説明して
いる（図表1－1）。この概念は，一般的に医学モデルといわれるものである。

　① 　機能障害（impairment）

機能障害とは，心理的，生理的，解剖的な構造または機能のなんらかの喪失

図表1－1　国際障害分類の障害モデル

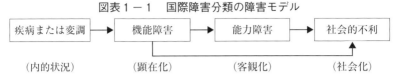

機能障害（impairment）	心理的，生理的，解剖的な構造または機能のなんらかの喪失または異常
能力障害（disability）	人間としての正常とみなされる態度や範囲で活動していく能力の，いろいろな制限や欠如
社会的不利（handicap）	機能障害あるいは能力障害の結果として，その個人に生じた不利であって，社会的な生活や活動に大きな不自由さが生じてくること

出所）厚生労働省大臣官房統計情報部「WHO国際障害分類試案」1982年

または異常である。すなわち身体的・精神的不全といわれる段階の状況である。回復や治療を表している状態でもある。

②　能力障害または低下（disability）

能力障害は，人間として正常とみなされる態度や範囲で活動していく能力の，いろいろな制限や欠如である。つまり，機能障害によって，今まで，できていた動作ができなくなった状態である。

③　社会的不利（handicap）

社会的不利とは，「機能障害あるいは能力障害（能力低下）の結果としてその個人に生じた不利であって，社会的な生活や活動に大きな不自由さが生じてくることである」と定義される。障害者福祉の重要な問題点は，この社会的不利といわれる社会環境の改善である。

2）国際生活機能分類（ICF）

2001（平成13）年に提示された改訂案は「国際生活機能分類」（ICF：International Classification of Functioning, Disability and Health）として示された（図表1－2）。分類名に「障害」は用いず，人間が生活するための生活機能の各次元（心身機能・身体構造，活動，参加）に着目した中立・肯定的な表示としている。

4

図表1−2 国際生活機能分類における「障害」の概念モデル

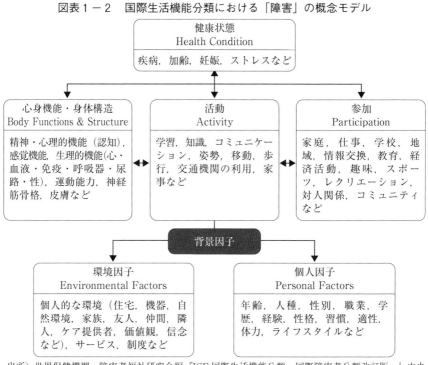

出所）世界保健機関・障害者福祉研究会編『ICF 国際生活機能分類−国際障害者分類改訂版−』中央
法規，2002年

　ICF の特徴は，何ができないかというマイナス面ではなく，何ができるかと
いうプラス面を重要視した。具体的には，① 環境との相互作用を取り入れた。
② 障害を肯定的にみる。③ 各要素が双方向で示されている。④ 病気やケガだ
けではなく妊娠・加齢を含めた健康状態についても分析できる。また，リハビ
リテーションだけではなく，環境を変え，機会を均等化するための環境因子が
明確に位置づけられている。これは，一般的に生活モデル・統合モデルといわ
れるもので，すべての人間に関する分類が可能となっている（図表1−3）。

　国際障害分類は，「障害」を疾病などから生じる個人の問題としてとらえ，治
療の対象と考える医学モデルであったが，国際生活機能分類は，個人とその個
人が生活する環境との相互作用の不調和こそが「障害」であり,「障害」の多く

図表1－3　国際生活機能分類の概念図とコードの概要

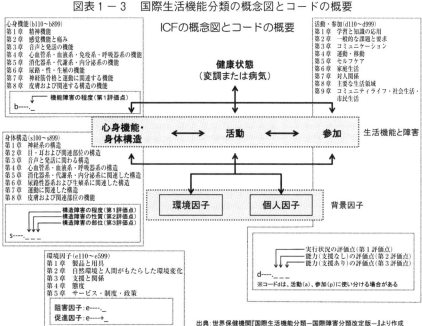

出所）https://www.mhlw.go.jp/content/12601000/000343419.pdf（2021年1月5日閲覧）

は社会的環境によって作り出された問題であるとする生活モデルとして，「障害」のとらえ方が変化している。

① ICFの概念図とコードの概要

　ICFは，人のあらゆる健康に関した情報を，コード化の規則やガイドラインに従って，分類して記述・表現することができるように，あらゆる健康に関した生活機能や社会制度，社会資源などについて，評価を行うことで支援を必要とする方に対しての，固有のコード化（分類）が行われる（図表1－3）。

　ICFは，「心身機能」「身体構造」「活動と参加」「環境」に分類され，それぞれアルファベットで「b」「s」「d」「e」にコード化される。分類は大分類，中分類，小分類の3つの階層で構成されている（図表1－4）。これらのコード化は，アルファベットの後に数字を続け，1桁目が第1レベル，それに続く3桁

図表1－4　ICFの大分類

心身機能（b：body）	身体構造（s：structure）	活動・参加（d：domein）	環境因子（e：environment）
（b110～b899）	（s100～s899）	（d110～d999）	（e110～e599）
第1章　精神機能 第2章　感覚機能と痛み 第3章　音声と発話の機能 第4章　心血管系・血液系・免疫系・呼吸器系の機能 第5章　消化器系・代謝系・内分泌系の機能 第6章　尿路・性・生殖の機能 第7章　神経筋骨格と運動に関連する機能 第8章　皮膚および関連する構造の機能	第1章　神経系の構造 第2章　目・耳および関連部位の構造 第3章　音声と発話に関わる構造 第4章　心血管系・血液系・呼吸器系の構造 第5章　消化器系・代謝系・内分泌系に関連した構造 第6章　尿路性器系および生殖系に関連した構造 第7章　運動に関連した構造 第8章　皮膚および関連部位の機能	第1章　学習と知識の応用 第2章　一般的な課題と要求 第3章　コミュニケーション 第4章　運動・移動 第5章　セルフケア 第6章　家庭生活 第7章　対人関係 第8章　主要な生活領域 第9章　コミュニティライフ・社会生活・市民生活	第1章　製品と用具 第2章　自然環境と人間がもたらした環境変化 第3章　支援と関係 第4章　態度 第5章　サービス・制度・政策

活動・参加（d：domein）　第4章　運動・移動の中分類

姿勢の変換と保持 （d410－d429）	物の運搬・移動・操作 （d430－d449）	歩行と移動 （d450－d469）	交通機関や手段を利用しての移動（d470－d489）
d410　基本的な姿勢の変換 d415　姿勢の保持 d420　乗り移り（移乗） d429　その他の特定の，及び詳細不明の，姿勢の変換と保持	d430　持ち上げることと運ぶこと d435　下肢を使って物を動かすこと d440　細かな手の使用 d445　手と腕の使用 d449　その他の特定の，及び詳細不明の，物の運搬・移動・操作	d450　歩行 d455　移動 d460　さまざまな場所での移動 d465　用具を用いての移動 d469　その他の特定の，及び詳細不明の，歩行と移動	d470　交通機関や手段の利用 d475　運転か操作 d480　交通手段として動物に乗ること d489　その他の特定の，及び詳細不明の，交通機関や手段を利用しての移動 d498　その他の特定の運動・移動 d499　詳細不明の運動・移動

資料）世界保健機関・障害者福祉研究会編『ICF国際生活機能分類―国際障害分類改定版』中央法規，2002年をもとに作成

図表1-5　活動と参加のコードの意味

```
d   4   60   2・4   ○  ○   ○   ○
①  ②   ③    ④   ⑤  ⑥   ⑦   ⑧   ⑨
① 活動と参加
　② 運動・移動
　　③ さまざまな場所での移動
　　　④ 屋外での　(0＝自宅内，1＝自宅以外の屋内　2＝屋外，…)
　　　　⑤ 実行上の評価点（第1評価点，0＝困難なし，1＝軽度の困難，2＝中
　　　　　等度の困難，3＝重度の困難，4＝完全な困難，8＝詳細不明，9＝非
　　　　　該当）
　　　　　⑥ 支援なしでの能力の評価点（第2評価点）
　　　　　　⑦ 支援ありでの能力の評価点（第3評価点）
　　　　　　　⑧ 支援なしでの実行状況の評価点（第4評価点）
　　　　　　　　⑨ 付加的評価点（第5評価点）
```

出所）筆者作成

目までが第2レベル，4桁目までが第3レベル，5桁目が第4レベルの分類となる。また，評価もコード化できるようになっている。例として，活動のコード化を紹介すると，「d4602. 4」は屋外の移動が完全にできないとき，「d4602. 0」はその困難がない場合を表す。また，小数点以下は，必要に応じてさらにコードを続けることができるようになっている（図表1-5）。また，「環境因子」については，促進因子の評価ができ，促進する程度に応じて＋0（促進因子なし），＋1（軽度の促進因子），＋2（中等度の促進因子），＋3（高度の促進因子），＋4（完全な促進因子），＋8（詳細不明の促進因子）の評価点が与えられる。

　ICF は，支援が必要とされる方の健康に関したあらゆる情報を分類して，その方の固有のコードとして記述・表現することができ，そのカテゴリは1,424項目となっている。ガイドラインには，コード化に関する一般的なルールを定めており，すべてに対して評価をすることを可能にしている。

　② ICF の目的と適用範囲

　ICF は，さまざまな専門分野や異なった領域で役立つ分類をめざしており，以下の目的がある。

⑴　健康状況と健康関連状況，結果，決定因子を理解し，研究するための科学的基盤の提供。

⑵　健康状況と健康関連状況とを表現するための共通言語を確立し，それによって，障害のある人びとを含む，保健医療従事者，研究者，政策立案者，一般市民などのさまざまな利用者間のコミュニケーションを改善すること。

⑶　各国，各種の専門保健分野，各種サービス，時期の違いを超えたデータの比較。

⑷　健康情報システムに用いられる体系的コード化用分類リストの提供。

ICF は本来，健康分類および健康関連分類であるが，保健，社会保障，労働，教育，経済，社会政策，立法，環境整備のような他の領域でも用いることができ，社会保障や医療の評価，地域・国・国際レベルでの住民実態調査といったさまざまな場面で，幅広く適用するのに有用である。また，予防と健康増進を含む個人的な保健ケア，および社会的障壁の除去や軽減による参加促進，社会的支援の推進，保健システムの研究における評価と政策立案での活用などが可能である。ICF は，障害のある人だけに関するものではなく，すべての人を対象にしており，あらゆる健康状態に関連した健康状況や健康関連状況は ICF によって記述することが可能である。

2．障害者の法的定義

国際的にみた障害者の定義は，「障害者の権利に関する条約」（2006年国連総会において採択，日本は2007年署名，2014年1月20日批准承認）において「障害者には，長期的な身体的，精神的，知的又は感覚的な障害を有する者であって，様々な障壁との相互作用により他の者と平等に社会に完全かつ効果的に参加することを妨げられることのあるものを含む」（第1条）となっている。また，「国際障害者年行動計画」では，「障害者は，その社会の他の異なったニーズをもつ特別の集団と考えられるべきではなく，その通常の人間的なニーズを満たすのに

特別の困難をもつ普通の市民と考えられるべきなのである」とされ，ノーマライゼーションの理念を基礎とした定義となっている。

　わが国においては，障害者基本法を基本として，各障害別に定義されている。

（1）障害者基本法（1970年制定，1993年に改正・改称）

　この法律において障害者とは，「身体障害，知的障害，精神障害（発達障害を含む。）その他の心身の機能の障害（以下「障害」と総称する。）がある者であつて，障害及び社会的障壁により継続的に日常生活又は社会生活に相当な制限を受ける状態にあるものをいう」（第2条）と述べている。また2004年の附帯決議のなかでは，「てんかんおよび自閉症その他の発達障害を有する者並びに難病に起因する身体又は精神上の障害を有する者であって，継続的に生活上の支障がある者は，この法律の障害者の範囲に含まれる」という内容も追加されている。

（2）身体障害者福祉法（1949年制定）

　身体障害者とは，「別表に掲げる身体上の障害がある18歳以上の者であって，都道府県知事から身体障害者手帳の交付を受けたもの」（同法第4条）をいう。

　①　身体障害者手帳制度の概要

　身体障害者福祉法に定める身体上の障害がある者に対して，都道府県知事，指定都市市長又は中核市市長が交付する。根拠法は，身体障害者福祉法第15条である。

　②　身体障害者手帳制度の交付対象者

・身体障害者福祉法別表に掲げる身体上の障害があるもの

・別表に定める障害の種類（いずれも，一定以上で永続することが要件とされている）

　⑴　視覚障害

　⑵　聴覚又は平衡機能の障害

　⑶　音声機能，言語機能又はそしゃく機能の障害

⑷　肢体不自由

⑸　心臓，じん臓又は呼吸器の機能の障害

⑹　ぼうこう，直腸又は小腸の機能の障害

⑺　ヒト免疫不全ウイルスによる免疫の機能の障害

⑻　肝臓機能障害

③　障害の程度

　法別表に該当するかどうかの詳細については，身体障害者福祉法施行規則別表第5号「身体障害者障害程度等級表」（図表1−6）において，障害の種類別に重度の側から1級から6級の等級が定められており，7級の障害は，単独では交付対象とはならないが，7級の障害が2つ以上重複する場合又は7級の障害が6級以上の障害と重複する場合は対象となる。

（3）知的障害者福祉法（1960年制定）

　知的障害者の法令上の定義はなく，厚生労働省の知的障害の定義に関する厚生労働事務次官通知（1973（昭和48）年）の「療育手帳制度について」において「指導相談所または知的障害者更生相談所において知的障害であると判定された者」となっている。通知においての障害程度は，18歳以上の場合，AとBに区分している。Aは，日常生活において，常時介護を必要とする程度の重度の者。Bは，それ以外の者としている。

　この通知は法的な効力をもっていないため，各都道府県が独自の施策として療育手帳を交付している。療育手帳については，おおむねの知能指数と日常生活能力の2つの側面により判定基準としている。

①　療育手帳制度の概要（知的障害）

　知的障害児・者への一貫した指導・相談を行うとともに，これらの者に対して各種の援助措置を受けやすくするため，児童相談所又は知的障害者更生相談所において知的障害と判定された者に対して，都道府県知事又は指定都市市長が交付することとなっている。

図表1−6　身体障害者障害程度等級表

身体障害者福祉法別表　身体障害者福祉法施行規則別表第5号

| 級別 | 視覚障害 | 聴覚又は平衡機能の障害 | | 音声機能、言語機能又はそしゃく機能の障害 | 肢体不自由 | | | 乳幼児期以前の非進行性の脳病変による運動機能障害 | | 心臓、じん臓若しくは呼吸器又はぼうこう若しくは直腸、小腸、ヒト免疫不全ウイルスによる免疫若しくは肝臓の機能の障害 | | | | | | |
		聴覚障害	平衡機能障害		上肢	下肢	体幹	上肢機能	移動機能	心臓機能障害	じん臓機能障害	呼吸器機能障害	ぼうこう又は直腸の機能障害	小腸機能障害	ヒト免疫不全ウイルスによる免疫機能障害	肝臓機能障害
1級	両眼の視力（万国式試視力表によって測ったものをいい、屈折異常のある者については、きょう正視力について測ったものをいう。以下同じ。）の和が0.01以下のもの				1 両上肢の機能を全廃したもの 2 両上肢を手関節以上で欠くもの	1 両下肢の機能を全廃したもの 2 両下肢を大腿の2分の1以上で欠くもの	体幹の機能障害により坐っていることができないもの	不随意運動・失調等により上肢を使用する日常生活動作がほとんど不可能なもの	不随意運動・失調等により歩行が不可能なもの	心臓の機能の障害により自己の身辺の日常生活活動が極度に制限されるもの	じん臓の機能の障害により自己の身辺の日常生活活動が極度に制限されるもの	呼吸器の機能の障害により自己の身辺の日常生活活動が極度に制限されるもの	ぼうこう又は直腸の機能の障害により自己の身辺の日常生活活動が極度に制限されるもの	小腸の機能の障害により自己の身辺の日常生活活動が極度に制限されるもの	ヒト免疫不全ウイルスによる免疫の機能の障害により日常生活がほとんど不可能なもの	肝臓の機能の障害により日常生活活動がほとんど不可能なもの
2級	1 両眼の視力の和が0.02以上0.04以下のもの 2 両眼の視野がそれぞれ10度以内でかつ両眼による視野について視能率による損失率が95パーセント以上のもの	両耳の聴力レベルがそれぞれ100デシベル以上のもの（両耳全ろう）			1 両上肢の機能の著しい障害 2 両上肢のすべての指を欠くもの 3 一上肢を上腕の2分の1以上で欠くもの 4 一上肢の機能を全廃したもの	1 両下肢の機能の著しい障害 2 両下肢を下腿の2分の1以上で欠くもの	1 体幹の機能障害により坐位又は起立位を保つことが困難なもの 2 体幹の機能障害により立ち上がることが困難なもの	不随意運動・失調等により上肢を使用する日常生活動作が極度に制限されるもの	不随意運動・失調等により歩行が極度に制限されるもの							
3級	1 両眼の視力の和が0.05以上0.08以下のもの 2 両眼の視野がそれぞれ10度以内でかつ両眼による視野について視能率による損失率が90パーセント以上のもの	両耳の聴力レベルが90デシベル以上のもの（耳介に接しなければ大声語を理解し得ないもの）	平衡機能の極めて著しい障害	音声機能、言語機能又はそしゃく機能の喪失	1 両上肢のおや指及びひとさし指を欠くもの 2 両上肢のおや指及びひとさし指の機能を全廃したもの 3 一上肢の機能の著しい障害 4 一上肢のすべての指を欠くもの 5 一上肢のすべての指の機能を全廃したもの	1 両下肢をショパー関節以上で欠くもの 2 一下肢を大腿の2分の1以上で欠くもの 3 一下肢の機能を全廃したもの	体幹の機能障害により歩行が困難なもの	不随意運動・失調等により上肢を使用する日常生活動作が著しく制限されるもの	不随意運動・失調等により歩行が家庭内での日常生活活動に制限されるもの	心臓の機能の障害により家庭内での日常生活活動が著しく制限されるもの	じん臓の機能の障害により家庭内での日常生活活動が著しく制限されるもの	呼吸器の機能の障害により家庭内での日常生活活動が著しく制限されるもの	ぼうこう又は直腸の機能の障害により家庭内での日常生活活動が著しく制限されるもの	小腸の機能の障害により家庭内での日常生活活動が著しく制限されるもの	ヒト免疫不全ウイルスによる免疫の機能の障害により日常生活が著しく制限されるもの（社会での日常生活活動が著しく制限されるものを除く。）	肝臓の機能の障害により日常生活活動が著しく制限されるもの（社会での日常生活活動が著しく制限されるものを除く。）

級別	視覚障害	聴覚又は平衡機能の障害		音声機能、言語機能又はそしゃく機能の障害	肢体不自由			乳幼児期以前の非進行性の脳病変による運動機能障害		心臓、じん臓若しくは呼吸器又はぼうこう若しくは直腸、小腸、ヒト免疫不全ウイルスによる免疫若しくは肝臓の機能の障害						
		聴覚障害	平衡機能障害		上肢	下肢	体幹	上肢機能	移動機能	心臓機能障害	じん臓機能障害	呼吸器機能障害	ぼうこう又は直腸の機能障害	小腸機能障害	ヒト免疫不全ウイルスによる免疫機能障害	肝臓機能障害
4級	1 両眼の視力の和が0.09以上0.12以下のもの 2 両眼の視野がそれぞれ10度以内のもの	1 両耳の聴力レベルがそれぞれ80デシベル以上のもの（耳介に接しなければ話声語を理解し得ないもの） 2 両耳による普通話声の最良の語音明瞭度が50パーセント以下のもの		音声機能、言語機能又はそしゃく機能の喪失	1 両上肢のおや指を欠くもの 2 両上肢のおや指の機能を全廃したもの 3 一上肢の肩関節、肘関節又は手関節のうち、いずれか一関節の機能を全廃したもの 4 一上肢のおや指及びひとさし指を欠くもの 5 一上肢のおや指及びひとさし指の機能を全廃したもの 6 おや指又はひとさし指を含めて一上肢の三指を欠くもの 7 おや指又はひとさし指を含めて一上肢の三指の機能を全廃したもの 8 おや指又はひとさし指を含めて一上肢の四指の機能の著しい障害	1 両下肢のすべての指を欠くもの 2 両下肢のすべての指の機能を全廃したもの 3 一下肢を下腿の2分の1以上で欠くもの 4 一下肢の股関節又は膝関節の機能を全廃したもの 5 一下肢が健側に比して10センチメートル以上又は健側の長さの10分の1以上短いもの		不随意運動・失調等により上肢の機能の劣るもの日常生活活動が社会での日常生活活動が著しく制限されるもの	不随意運動・失調等により上肢を使用する日常生活動作が著しく制限されるもの	心臓の機能の障害により社会での日常生活活動が著しく制限されるもの	じん臓の機能の障害により社会での日常生活活動が著しく制限されるもの	呼吸器の機能の障害により社会での日常生活活動が著しく制限されるもの	ぼうこう又は直腸の機能の障害により社会での日常生活活動が著しく制限されるもの	小腸の機能の障害により社会での日常生活活動が著しく制限されるもの	ヒト免疫不全ウイルスによる免疫の機能の障害により社会での日常生活活動が著しく制限されるもの	肝臓の機能の障害により社会での日常生活活動が著しく制限されるもの
5級	1 両眼の視力の和が0.13以上0.2以下のもの 2 両眼による視野の2分の1以上が欠けているもの		平衡機能の著しい障害		1 両上肢のおや指の機能の著しい障害 2 一上肢の肩関節、肘関節又は手関節のうち、いずれか一関節の機能の著しい障害 3 一上肢のおや指を欠くもの 4 一上肢のおや指の機能を全廃したもの 5 一上肢のおや指及びひとさし指を欠くもの 6 おや指又はひとさし指を含めて一上肢の三指の機能の著しい障害	1 一下肢の股関節又は膝関節の機能の著しい障害 2 一下肢の足関節の機能を全廃したもの 3 一下肢が健側に比して5センチメートル以上又は健側の長さの15分の1以上短いもの	体幹の機能の著しい障害	不随意運動・失調等により上肢の機能障害により社会での日常生活活動に支障のあるもの	不随意運動・失調等により社会での日常生活活動に支障のあるもの							

級別	視覚障害	聴覚障害	平衡機能障害	音声機能、言語機能又はそしゃく機能の障害	上肢	下肢	体幹	乳幼児期以前の非進行性の脳病変による運動機能障害（上肢機能）	乳幼児期以前の非進行性の脳病変による運動機能障害（移動機能）	心臓機能障害	じん臓機能障害	呼吸器機能障害	ぼうこう又は直腸の機能障害	小腸機能障害	ヒト免疫不全ウイルスによる免疫機能障害	肝臓機能障害
6級	一眼の視力が0.02以下、他眼の視力が0.6以下のもので、両眼の視力の和が0.2を超えるもの	1 両耳の聴力レベルが70デシベル以上のもの（40センチメートル以上の距離で発声された会話語を理解し得ないもの） 2 一側耳の聴力レベルが90デシベル以上、他側耳の聴力レベルが50デシベル以上のもの			1 一上肢のおや指の機能の著しい障害 2 ひとさし指を含めて一上肢の二指を欠くもの 3 ひとさし指を含めて一上肢の二指の機能を全廃したもの	1 一下肢をリスフラン関節以上で欠くもの 2 一下肢の足関節の機能の著しい障害		不随意運動・失調等による上肢の機能の障害のあるもの	不随意運動・失調等による移動機能の障害のあるもの							
7級					1 一上肢の機能の軽度の障害 2 一上肢の肩関節、肘関節又は手関節のうち、いずれか一関節の機能の軽度の障害 3 一上肢の手指の機能の軽度の障害 4 ひとさし指を含めて一上肢の二指の機能の著しい障害 5 一上肢のなか指、くすり指及び小指を欠くもの 6 一上肢のなか指、くすり指及び小指の機能を全廃したもの	1 両下肢のすべての指の機能の著しい障害 2 一下肢の機能の軽度の障害 3 一下肢の股関節、膝関節又は足関節のうち、いずれか一関節の機能の軽度の障害 4 一下肢のすべての指を欠くもの 5 一下肢のすべての指の機能を全廃したもの 6 一下肢が健側に比して3センチメートル以上又は健側の長さの20分の1以上短いもの		上肢に不随意運動・失調等を有するもの	下肢に不随意運動・失調等を有するもの							

備考
1 同一の等級について二つの重複する障害がある場合は、一級上の級とする。ただし、二つの重複する障害が特に本表中に指定されているものは、該当等級とする。
2 肢体不自由においては、七級に該当する障害が二以上重複する場合は、六級とする。
3 異なる等級について二以上の重複する障害がある場合については、障害の程度を勘案して個別に等級を決定する。
4 「指を欠くもの」とは、おや指については指骨間関節、その他の指については第一指骨間関節以上を欠くものをいう。
5 「指の機能障害」とは、中手指節関節以下の障害をいい、おや指については、対抗運動障害をも含むものとする。
6 上肢又は下肢欠損の断端の長さは、実用長（上腕においては腋窩より、大腿においては坐骨結節の高さより計測したもの）をもって計測したものをいう。
7 下肢の長さは、前腸骨棘より内かく（果）下端までを計測したものをいう。

出所）https://www.mhlw.go.jp/bunya/shougaihoken/shougaihatechou/dl/toukyup （2021 年 1 月 5 日閲覧）

　その根拠は，療育手帳制度について（昭和48年9月27日厚生省発児第156号厚生事務次官通知）である。この通知により，療育手帳制度に関する技術的助言（ガイドライン）であり，各都道府県知事等は，本通知に基づき療育手帳制度について，それぞれの判断に基づいて実施要綱を定めている。

　②　療育手帳制度の交付対象者

　交付対象者は，児童相談所又は知的障害者更生相談所において知的障害であると判定された者に対して交付する。

　③　療育手帳制度の障害の程度及び判定基準

・重度（A）とそれ以外（B）に区分

⑴　重度（A）の基準

　　知能指数が概ね35以下であって，次のいずれかに該当する者

・食事，着脱衣，排便および洗面等日常生活の介助を必要とする。

・異食，興奮などの問題行動を有する。

⑵　知能指数が概ね50以下であって，盲，ろうあ，肢体不自由等を有する者

・それ以外（B）の基準

⑴　重度（A）のもの以外

（4）精神保健及び精神障害者福祉に関する法律（精神保健福祉法）（1950年制定）

　精神障害者とは，「統合失調症，精神作用物質による急性中毒又はその依存症，知的障害，精神病質その他の精神疾患を有する者」（同法第5条）と規定している。申請により，精神障害者保健福祉手帳が交付される。有効期間は2年である。

　①　精神障害者保健福祉手帳制度の概要

　一精神保健福祉法第45条に基づき，精神障害者の社会復帰，自立及び社会参加の促進を図ることを目的として，都道府県知事又は指定都市市長が交付する。

② 精神障害者保健福祉手帳の交付対象者

交付対象者は，次の精神障害の状態にあると認められた者に交付する。

精神疾患の状態と能力障害の状態の両面から総合的に判断し，次の3等級とする

1級：精神障害であって，日常生活の用を弁ずることを不能ならしめる程度のもの

2級：精神障害であって，日常生活が著しく制限を受けるか，又は日常生活に著しい制限を加えることを必要とする程度のもの

3級：精神障害であって，日常生活若しくは社会生活が制限を受けるか，又は日常生活若しくは社会生活に制限を加えることを必要とする程度のもの

③ 精神障害者保健福祉手帳の交付申請手続き

• その居住地（居住地を有しないときは，その現在地とする。以下同じ）の市区町村を経由して，都道府県知事に申請する。

• 手帳の有効期限は交付日から2年が経過する日の属する月の末日となっており，2年ごとに，障害等級に定める精神障害の状態にあることについて，都道府県知事の認定を受けなければならない。

（5）発達障害者支援法（2004年制定）

発達障害とは，「自閉症，アスペルガー症候群その他の広汎性発達障害，学習障害，注意欠陥多動性障害その他これに類する脳機能の障害であってその症状が通常低年齢において発現するものとして政令で定めるもの」（同法第2条）となっている。政令で定めるものとは，「脳機能の障害であってその症状が通常低年齢において発現するもののうち，言語の障害，協調運動の障害その他厚生労働省令で定める障害」である（図表1−7）。

なお，この法律において，「発達障害者」とは，「発達障害がある者であって発達障害及び社会的障壁により日常生活又は社会生活に制限を受けるものをい

16

図表 1 － 7　代表的な発達障害

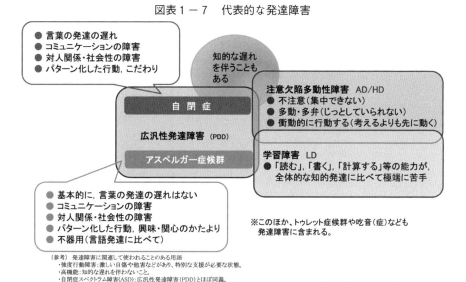

出所）https://www.mhlw.go.jp/file/05-Shingikai-12601000-Seisakutoukatsukan-Sanjikanshitsu_
Shakaihoshoutantou/0000128829.pdf（2021年1月5日閲覧）

い，『発達障害児』とは，発達障害者のうち18歳未満のもの」をいう。

（6）障害者の日常生活及び社会生活を総合的に支援するための法律（障害者総合支援法）（2013年制定）

　この法律の目的は「障害者基本法の基本的な理念にのっとり，身体障害者福祉法，知的障害者福祉法，精神保健及び精神障害者福祉に関する法律，児童福祉法 その他障害者及び障害児の福祉に関する法律と相まって，障害者及び障害児が基本的人権を享有する個人としての尊厳にふさわしい日常生活又は社会生活を営むことができるよう，必要な障害福祉サービスに係る給付，地域生活支援事業その他の支援を総合的に行い，もって障害者及び障害児の福祉の増進を図るとともに，障害の有無にかかわらず国民が相互に人格と個性を尊重し安心して暮らすことのできる地域社会の実現に寄与すること」（第1条）である。

　この法律における「障害者」とは，身体障害者福祉法第 4 条に規定する身体障害者，知的障害者福祉法にいう知的障害者のうち18歳以上である者および精神保健及び精神障害者福祉に関する法律第 5 条に規定する精神障害者のうち18歳以上である者並びに治療方法が確立していない疾病その他の特殊の疾病であって政令で定めるものによる障害の程度が厚生労働大臣が定める程度である者であって18歳以上であるもの，である。また「障害児」とは，「児童福祉法第 4 条第 2 項に規定する障害児及び精神障害者のうち18歳未満である者」をいう。

　なお，支給決定に際しては，障害者の福祉サービスの必要性を総合的に判断することとなっており，そのために，全国共通の項目からなる心身の状態に関する認定調査を行い，障害程度区分を決めている。

（7）児童福祉法（1947年制定）

　児童福祉法第 4 条第 2 項において，「障害児とは，身体に障害のある児童又は知的障害のある児童」をいう。18歳未満の児童が対象で，各種施設や補装具，自立支援医療などの多くの障害児福祉サービスを設けている。

　また，障害者の就労促進のための「障害者の雇用の促進等に関する法律」や「学校教育法」では，特別支援教育，盲・ろう・特別支援学校についても規定している。

3．障害者福祉の基本理念

　障害者福祉の理念は，いうまでもなく基本的人権の尊重を基本としているが，その理念がどのような形で示されているのかを概観する。

（1）人権に関する世界宣言（世界人権宣言）

　この宣言は，1948（昭和23）年に開催された第 3 回国連総会において採択され，人間の自由権と平等権について述べている。その第 1 条には「すべての人

間は，生れながらにして自由であり，かつ，尊厳と権利とについて平等である」，また第25条「すべて人は，衣食住，医療及び必要な社会的施設等により，自己及び家族の健康及び福祉に十分な生活水準を保持する権利並びに失業，疾病，心身障害，配偶者の死亡，老齢その他不可抗力による生活不能の場合は，保障を受ける権利を有する」とある。すなわち，この宣言は，人類社会のすべての構成員の固有の尊厳と，平等で譲ることのできない権利を承認することは，世界における自由，正義および平和の基礎であると宣言している。

（2）障害者の権利宣言

1971（昭和46）年に採択された「知的障害者の権利宣言」を踏まえ，包括的な障害者の権利に関する決議が，1975（昭和50）年第30回国連総会において「障害者の権利宣言」として採択された。

この宣言では，「障害者」（disabled persons）ということばを，「先天的か否かにかかわらず，身体的又は精神的能力の不全のために，通常の個人又は社会生活に必要なことを確保することが，自分自身では完全に又は部分的にできない人のことを意味する」と定義した。

（3）わが国の基本理念

わが国において基本的人権の尊重がうたわれている法律は，日本国憲法第11条である。「国民は，すべての基本的人権の享有を妨げられない。この憲法が国民に保障する基本的人権は，侵すことのできない永久の権利として，現在及び将来の国民に与へられる」としている。

また，この基本的人権の核となる第25条では，「すべて国民は，健康で文化的な最低限度の生活を営む権利を有する」ことになっている。すなわち「生存権」を認めている。

4．障害者福祉の理念

　障害者福祉の理念として，基本的人権を基本理念として，以下6つに整理してみる。

（1）ノーマライゼーション

　ノーマライゼーション（normalization）は，1950年代に知的障害者の福祉理念として北欧に生まれた考え方で，「障害者の生活条件をあたりまえにする」ことを意味している。その条件を具体化するために，ベンクト・ニイリェ（Nirje, B.）は，8つの原理を提示した。

　また，ヴォルフェンスベルガー（Wolfensberger, W.）は，ノーマライゼーションとは，「可能な限り文化的に通常である身体的な行動や特徴を維持したり，確立するために，可能な限り文化的に通常となっている手段を利用すること」であると述べている。

　これは，障害の人に限りない更生の努力を求めるのではなく，環境を改善し，的確な支援によって，ノーマライゼーションを実現していくことを認識しなければならないということである。すなわち，すべての市民があたりまえの場所で，あたりまえの生活を可能にするということである。

ノーマライゼーション（Normalization）
　バンク＝ミケルセン（Bank-Mikkelsen. N. E.）は「産みの父」といわれ，1950年代に目的と目標を掲げた理念を提唱した。
　ベンクト・ニイリェは「育ての父」といわれ，1960年代に方法と手段を考えた。
　ヴォルフェンスベルガーは，1970年代以降アメリカでの発展の立役者で，目的と手段の双方を検討した。

（2）インテグレーション

　インテグレーション（integration）は，障害のある幼児児童生徒一人ひとりの教育的ニーズを把握し，そのもてる力を高め，生活や学習上の困難を改善または克服するため，適切な指導及び必要な支援を行う特別支援教育として位置づけられている。

　インテグレーションと同じ意味で使われている言葉にメインストリーミング（mainstreaming）があり，主にアメリカで使われている。また，一歩進んだ考え方として，インクルージョン（inclusion）教育も提唱されている。

（3）リハビリテーション

　リハビリテーション（rehabilitation）は一般的に医学的，教育的，職業的，社会的リハビリテーションがあり，「全人間的復権」とよばれ，より自分らしく生きることをめざしている。

　医学的リハビリテーションとは，医学的な考え方や方法により，障害の除去軽減を図ることや，障害の原因となっている疾病の治療や管理も医学的リハビリテーションの範疇である。

　職業的リハビリテーションは，障害者が適当な就業の場を得て，それを継続できるようにするための職業サービスである。

　教育的リハビリテーションは，教育の機会均等化でもある。年齢層を問わず，障害者（児）に対して行われる教育的支援である。

　社会的リハビリテーションは，1986年国際リハビリテーション協会「RI：Rehabilitation International」により採決された定義によれば，「社会生活力を高めることを目的としたプロセスである。社会生活力とは，（中略）一人ひとりにとって可能な最も豊かな社会参加を実現する権利を行使する力を意味する」ことであると述べている。

　以上のことをまとめれば，リハビリテーションは，障害者自身の全面的機能の回復と社会的権利を確保するための総合的な支援である。

（4）自立生活

「自立生活」（Independent Living：IL と略）は，「たとえ重度な障害者であって
も，精神的な自立を放棄せず，日常生活動作（ADL）は介助を受けても，自分
の判断で自分の生活を管理し，自己の人生の目的に向かって主体的に計画して
生きていこう」という「自立」に向けての努力と自己実現のため，他の人びと
と協力していくことが大切であるとしている。

（5）生活の質（QOL）の向上

障害者は，専門施設で訓練生活をするのが最良であるとの考え方が，1960〜
1970年代の主流であった。しかし，1980年以降は，障害者が保護の対象ではな
く，ひとりで生活を送れるようにするための選択肢を広げることが重要である。
いい換えれば，障害者がひとりの人間として「生活の質の向上」をめざす，す
なわち「クオリティ・オブ・ライフ（Quality Of Life：QOL）」ということであ
り，生活にわたる生活の質は，安全さ・快適さ・人間らしさという三要素を必
要としている。いわゆる，生活の豊かさを求める考え方である。

（6）エンパワメント

エンパワメント（empowerment）とは，アメリカの黒人解放運動や女性解放
運動等の政治的な運動から発展してきた用語であり考え方である。

加齢，病気，障害などを有することにより，否定的環境に取り巻かれ，主体
的な生活をあきらめた無力状態（パワーレス）に陥った人びとが，再び，本来
もっている力を取り戻し，できる限り自立して，自分たちの問題を自分たちで
解決していけるよう，その能力を強めていこうとする支援である。

（7）ソーシャル・インクルージョン

ソーシャル・インクルージョン（social inclusion）は，「すべての人びとを孤独
や孤立，排除や摩擦から援護し，健康で文化的な生活の実現につなげるよう，

社会の構成員として包み支え合う」という理念である。

　ソーシャル・インクルージョンは，近年の日本の福祉や労働施策の改革とその連携にもかかわりの深いテーマである。2000（平成12）年12月に厚生省（当時）でまとめられた「社会的な援護を要する人々に対する社会福祉のあり方に関する検討会報告書」には，社会的に弱い立場にある人びとを社会の一員として包み支え合う，ソーシャル・インクルージョンの理念を進めることを提言している。

5．障害者福祉の歴史と施策

（1）国際連合（国連）を中心としたあゆみ

　障害者福祉の基本となっている人権に関しては，国際連合（国連）での「世界人権宣言」（1948（昭和23）年）などによって定着したのを受けて，「知的障害者の権利宣言」（1971（昭和46）年），「障害者の権利宣言」（1975（昭和50）年）が採択されている。

　国連は，障害者の権利宣言を単なる理念として終わらせず，社会で実現するという意図のもとに1981（昭和56）年を「国際障害者年」とし，「完全参加と平等」のテーマのもとに，世界各国においてさまざまな取り組みが行われた。1982（昭和57）年には，「障害者に関する世界行動計画」を採択し，1983（昭和58）年から1992（平成4）年までを「国連・障害者の十年」と宣言した。

　1992年に，国連アジア太平洋経済社会委員会（ESCAP）は，国内調整，法律，情報など12の行動課題をあげ，1993（平成5）〜2002（平成14）年までを「アジア太平洋障害者の10年」とした。

　さらに，2003（平成15）〜2012（平成24）年の10年を「アジア太平洋障害者の10年」の期間を継続した。

（2）障害者の権利に関する条約（障害者権利条約）

2006年12月13日に第61回国連総会において採択された条約である。2018年4月現在の批准国は177ヵ国である。

1）「障害者権利条約」締結と国内法の整備

「障害者権利条約」は，障害者の人権保障に関する初めての国際条約であり，日本は2007（平成19）年9月に署名した。その後，条約の締結に向けて，2009（同21）年12月に国内法の整備をはじめとする改革を実施するために，内閣府に「障がい者制度改革推進本部」を設置した。翌2010（同22）年1月より構成員の半数以上は障害者とした「障がい者制度改革推進会議」が開催され，以下のような法律の改正や成立が続いた。

(1)　「障害者基本法の一部を改正する法律」（改正障害者基本法）の公布（2011（平成23）年8月）

(2)　「障害者虐待の防止，障害者の養護者に対する支援等に関する法律」（障害者虐待防止法）の成立（2011（平成23）年6月）

(3)　「障害者総合支援法」の成立（2012（平成24）年6月）

(4)　「障害を理由とする差別の解消の推進に関する法律」（障害者差別解消法）の成立および「障害者の雇用の推進等に関する法律」

2）障害者権利条約の意義

障害者権利条約は，各国政府のみならず，日本を含む世界の障害者団体や当事者の意見を反映して作成された。「私たちのことは，私たち抜きに決めないで（Nothing about us Without us !）」を合言葉に障害者自身が参加したことに特徴がある。

障害者権利条約のキーワードともいえる「合理的配慮」は，障害に伴うさまざまな不平等や不利益について，これらを解消するための改善や変更を，社会の側から行わなければならない，という考え方であるが，それは「障害を当人

図表1−8　日本と国連等の障害者施策の流れ

年：昭和45・56　57　58　59　60　61　62　63　平元　2　3　4　5　6　7　8　9　10　11　12　13　14　15　16　17　18　19　20　21　22　23　24　25　26　27　28　29　30　31　32　33　34

推進体制
- 障害者対策推進本部（昭和57年）（平成8年に名称変更、平成12年に再編）
- 障害者施策推進本部（平成12年～21年）
- 障がい者制度改革推進本部（平成21年12月～）
- 中央障害者施策推進協議会（平成17年～）
- 障がい者制度改革推進会議（平成22年1月～24年7月）
- 障害者政策委員会（平成24年～）

主な事項
- 心身障害者対策基本法成立（議員立法）（昭和45年）
- 障害者基本法成立（心身障害者対策基本法の全面改正）（平成5年）
- 障害者基本法の改正（平成16年）
- 障害者基本法の改正（平成23年）
- 障害を理由とする差別の解消の推進に関する法律（平成25年6月）（※平成28年4月施行）
- 障害者対策に関する長期計画（昭和57年度～平成4年度）
- 「障害者対策に関する長期計画」後期重点施策（昭和62年度～平成4年度）
- 障害者対策に関する新長期計画（平成5年度～14年度）
- 障害者プラン～ノーマライゼーション7か年戦略～（平成8年度～14年度）
- 障害者基本計画（第2次）（平成15年度）
- 重点施策実施5か年計画（平成15年度～19年度）
- 重点施策実施5か年計画（後期5か年計画）（平成20年度～24年度）
- 障害者基本計画（第3次）（平成25年度～29年度）
- 障害者基本計画（第4次）（平成30年度～34年度）

国連等
- 「国際障害者年」（1981年）（昭和56年）
- 国連障害者の十年（1983年～1992年）（昭和58年～平成4年）
- 障害者の権利に関する宣言（1975年）（昭和50年）
- 障害者に関する世界行動計画（1982年）（昭和57年）
- ESCAPアジア太平洋障害者の十年（1993年～2002年）（平成5年～14年）
- ESCAP第2次アジア太平洋障害者の十年（2003年～2012年）（平成15年～24年）
- ESCAP第3次アジア太平洋障害者の十年（2013年～2022年）（平成25年～34年）
- ■障害者権利条約
  - 国連総会での採択（平成18年（2006）年12月）
  - 日本の署名（平成19年（2007）年9月）
  - 条約の発効（平成20年（2008）年5月）
  - 日本の批准（平成26（2014）年1月）

資料）内閣府

や家族だけの問題にしてはいけないということ」である。それを可能にするためには，合理的配慮に対する人びとの理解が不可欠である。

3）「障害者権利条約」と今後の展開

2006（平成18）年の第61回国連総会において障害者の権利に関する条約が採択されるまで，国際障害者年とその理念の具体化のための計画としての，障害者に関する世界行動計画と国連・障害者の十年の終了後に国連で採択された障害者の機会均等化に関する標準規則など，障害者の権利に関する理念，行動計画，規則は存在していたが，拘束力のある条約はなかった。法的な拘束力のある条約として障害者の権利に関する条約が国連総会で採択されたことは各国の取り組みの実効性を推進する点で，きわめて大きな意義を有している。

（3）日本におけるあゆみ

わが国の場合は，1946（昭和21）年に公布された「日本国憲法」をベースに福祉三法（「児童福祉法」「生活保護法」「身体障害者福祉法」）と「社会福祉事業法」が制定され，戦後の社会福祉制度の基礎が構築された。

1949（昭和24）年に，「身体障害者福祉法」が成立し，わが国で初めて「障害者福祉」を用いる法律が誕生した。この法律は，障害があるために十分に職業的能力を発揮できない障害者を対象とした「更生法」であった。社会復帰を目標としたため，その可能性の乏しい重度障害者は対象外とした。

1960（昭和35）年には「精神薄弱者福祉法」（現・「知的障害者福祉法」）が成立し，それまで福祉の谷間に置かれていた18歳以上の知的障害者のための福祉サービスが実施されることになった。また，同年には「障害者の雇用の促進等に関する法律（障害者雇用促進法）」も成立している。

1963（昭和38）年には重度身体障害者更生援護施設，翌年には重度身体障害者授産施設が創設され，施設機能強化を主とした施策が展開された。

1970（昭和45）年には，「心身障害者対策基本法」が制定され，障害者対策は

福祉分野だけにとどまるものではなく，障害者の生活を支えるためのさまざまなニーズに対応するためのものであった。

1984（昭和59）年には，国際障害者年を契機として「身体障害者福祉法」が改正され，身体障害者の理念を「更生の努力」から「自立への努力」に変更した。

1986（昭和61）年には，「国民年金法」，「厚生年金保険法」の改正が行われ，障害者の生活基盤となる所得保障として，障害基礎年金が設立された。従来の福祉手当に代わって，日常生活において常時特別な介護を必要とする状態にある最重度の障害者については，その負担の軽減を図る一助として特別障害者手当が創設された。

1990年には，地域住民に最も身近な在宅福祉サービスと施設福祉サービスが，きめ細かく，一元的，かつ計画的に提供される体制づくりと在宅福祉サービスを進めるために，「老人福祉法」など福祉関係八法が改正された。

1993年には，「国連・障害者の十年」を経て，今後の新たな取り組みを定めた「障害者対策に関する新長期計画」が決定された。「リハビリテーション」と「ノーマライゼーション」の理念の下に，完全参加と平等をめざすという考え方を引き継ぎ，これまでの成果を発展させ，新たなニーズにも対応するとしている。

この計画の基本的な考えは，新たな時代のニーズに対応するとして5つの目標をたて，実現にむけて計画された。

① 障害者の主体性・自立性
② すべての人の参加によるすべての人のための平等な社会づくり
③ 障害の重度化・重複化への対応
④ 高齢化への対応
⑤ アジア太平洋障害者の10年への対応

1994（平成6）年には，総理府（現・内閣府）が初めて『障害者白書』を「障害者基本法」に基づいて発表し，以後毎年発行されている。

1995（平成7）年には，「精神保健法」が改正され「精神保健及び精神障害者

福祉に関する法律」（精神保健福祉法）となった。これは，「障害者基本法」において精神障害者が福祉の対象として明確に位置づけられたことによる。また，この法律では精神障害者の自立と社会参加の促進，すなわち，病院から社会復帰施設へ，さらに地域社会へという考えが示された。

　障害者対策推進本部の会議において，1996（平成 8 ）～2002（平成14）年までの 7 ヵ年が「障害者プラン～ノーマライゼーション 7 か年戦略～」重点施策実施計画として位置づけられた。

　1999（平成11）年に示された「社会福祉基礎構造改革」によって，身体障害者福祉審議会，中央児童福祉審議会および公衆衛生審議会精神保健福祉部会の合同企画分科会において取りまとめられた「今後の精神保健福祉施策のあり方について」の意見具申をふまえ，翌年，「社会福祉事業法」が「社会福祉法」となり，「身体障害者福祉法」「知的障害者福祉法」などの改正が行われた。

　2002（平成14）年には，「障害者対策に関する新長期計画」や「障害者プラン」を引き継ぐ「障害者基本計画」が決定され，具体的目標として，「重点施策実施 5 カ年計画」（新障害者プラン）が決定された。

　2003年の「支援費制度」は，従来までの措置制度ではなく，利用・契約制度へ変更になったことが主な点であった。この制度により，利用者自らがサービスを選択できるだけでなく，以前よりも近い地域でのサービスを受けることができるということなどから，導入後には，サービス利用者数の増大や財源問題，障害種別（身体障害，知的障害，精神障害）間の格差，サービス水準の地域間格差など，新たな課題が生じてきた。

　これらの課題を解消するため，2004（平成16）年10月に障害保健福祉施策の改革をめざす「改革のグランドデザイン（案）」が公表され，2005（平成17）年11月に「障害者自立支援法」が公布された。この法律では，これまで障害種（身体障害，知的障害，精神障害）別ごとに異なっていたサービス体系を一元化するとともに，これまでのサービス体系が再編され，支給決定のプロセスの明確化・透明化が図られた。また，安定的な財源確保のために，国が費用の 2 分の 1 を

28

図表1－9　戦後からの障害者福祉の流れ

1947（昭和22）年	児童福祉法制定
1949（昭和24）年	身体障害者福祉法制定
1950（昭和25）年	精神衛生法制定　→　1987（昭和62）年に精神保健法と改称
1951（昭和26）年	社会福祉事業法
1959（昭和34）年	国民年金法
1960（昭和35）年	精神薄弱者福祉法制定　→　1998（平成10）年に知的障害者福祉法と改称 身体障害者雇用促進法制定　→　1987（昭和62）年に障害者の雇用の促進等に関する法律に改称
1967（昭和42）年	児童福祉法改正（重症心身障害児施設法定化など） 身体障害者福祉法改正（障害範囲拡大，家庭奉仕員制度創設など） 精神薄弱者福祉法改正（援護施設類型化など）
1970（昭和45）年	心身障害者対策基本法制定　→　1993（平成5）年に障害者基本法と改称
1981（昭和56）年	国際障害者年（「完全参加と平等」をテーマとして世界各国で様々な取り組みがなされ「ノーマライゼーション」や「リハビリテーション」の理念が啓発）
1982（昭和57）年	障害者対策に関する長期計画
1983（昭和58）年 ～10年間	国連・障害者の10年（「障害の予防」，「リハビリテーション」，「完全参加と平等」を目標とし，障害者の福祉が推進された）
1984（昭和59）年	身体障害者福祉法改正（理念規定の整備）（「更生の努力」から「自立への努力」へ）
1986（昭和61）年	障害基礎年金の設立
1987（昭和62）年	精神衛生法から精神保健法へ（入院患者の人権尊重を打ち出した。社会復帰施設の設置，任意入院制度の導入）
1990（平成2）年	福祉関係八法の改正（在宅福祉の制度化など）
1993（平成5）年	障害者対策に関する新長期計画（障害者対策推進本部による） 福祉用具の研究開発及び普及に関する法律（福祉用具法） 心身障害者対策基本法から障害者基本法へ
1994（平成6）年	高齢者，身体障害者等が円滑に利用できる特定建築物の建築の促進に関する法律（ハートビル法）制定
1995（平成7）年	精神保健法を改称　→　精神保健及び精神障害者福祉に関する法律（精神保健福祉法） 障害者プラン～ノーマライゼーション7か年戦略～策定
1996（平成8）年 ～7年間	障害者プラン～ノーマライゼーション7か年戦略策定 介護保険法　成立
1997（平成9）年	今後の障害保健福祉施策のあり方について（中間報告）

2000（平成12）年	社会福祉の増進のための社会福祉事業法等の一部を改正する等の法律制定 高齢者，身体障害者等の公共交通機関を利用した移動の円滑化の促進に関する法律（交通バリアフリー法）制定 身体障害者福祉法の改正 精神薄弱者福祉法から名称変更「知的障害者福祉法」へ 介護保険法　施行
2002（平成14）年	身体障害者補助犬法制定 障害者基本計画，重点施策実施5か年計画（新障害者プラン）策定
2003（平成15）年	支援費制度（「措置」から「契約」へ）
2004（平成16）年	特定障害者に対する特別障害給付金の支給に関する法律制定 発達障害者支援法制定
2005（平成17）年	障害者自立支援法制定
2006（平成18）年	高齢者，障害者等の移動等の円滑化の促進に関する法律（バリアフリー新法）制定
2007（平成19）年	障害のある人々の権利に関する国際条約（障害者権利条約）　署名 障害者基本計画の後期5年間における諸施策の着実な推進を図るための新たな重点施策実施5か年計画策定
2011（平成23）年	障害者虐待の防止，障害者の養護者に対する支援等に関する法律（障害者虐待防止法）が成立
2012（平成24）年	障害者自立支援法を改称し改正 → 障害者の日常生活及び社会生活を総合的に支援するための法律（障害者総合支援法）
2013（平成25）年	障害者の日常生活及び社会生活を総合的に支援するための法律（障害者総合支援法）施行 障害を理由とする差別の解消の推進に関する法律（障害者差別解消法）の成立
2014（平成26）年	障害のある人々の権利に関する国際条約（障害者権利条約）　批准承認
2015（平成27）年	難病の患者に対する医療等に関する法律　施行
2016（平成28）年	障害を理由とする差別の解消の推進に関する法律（障害者差別解消法）施行 障害者の雇用の促進等に関する法律の一部を改正する法律　一部施行（障害者に対する差別の禁止，合理的配慮の提供義務） 成年後見制度の利用の促進に関する法律　施行 発達障害者支援法の一部を改正する法律　施行
2018（平成30）年	障害者の日常生活及び社会生活を総合的に支援するための法律及び児童福祉法の一部を改正する法律　施行

30

義務的に負担する仕組みや，サービス量に応じた定率の利用者負担（応益負担）が導入された。同制度については施行後も検討が行われ，とくに利用者負担については，軽減策が講じられている。

　2010（平成22）年の法律改正では，利用者負担が抜本的に見直され，これまでの利用量に応じた1割を上限とした定率負担から，負担能力に応じたもの（応能負担）になり，2012（平成24）年4月から実施された。

　2012（平成24）年6月には「地域社会における共生の実現に向けて新たな障害保健福祉施策を講ずるための関係法律の整備に関する法律」が公布され，この法律により2013（平成25）年4月に「障害者自立支援法」は「障害者の日常生活及び社会生活を総合的に支援するための法律（障害者総合支援法）」となり，障害者の範囲に難病等が追加されるほか，障害者に対する支援の拡充などの改正が行われた。

6．障害者の実態

　わが国の身体障害者の実態調査は，1951（昭和26）年から始まり，5年ごとに行われている。知的障害者については1961（昭和36）年に実態調査が始まり，現在は，「基礎調査」として5年ごとに実施している。精神障害者は1963（昭和38）年に精神衛生実態調査として始まり，現在では，厚生労働省が3年に1回，全国の医療機関を対象に患者調査を実施している。

（1）障害者の総数

　厚生労働省による「生活のしづらさなどに関する調査」「社会福祉施設等調査」又は「患者調査」に基づき推計された基本的な統計数値をみると，身体障害，知的障害，精神障害の3区分における，各障害者数の概数は，身体障害者（児）436万人，知的障害者（児）108万2千人，精神障害者392万4千人となっている（図表1-10参照）。全人口に占める割合でみると，身体障害者は3.4%，知的障

図表 1 −10　患者数（推定）

		総　　数	在宅者数	施設入所者数
身体障害者（児）	総計	436万人	428.7万人	7.3万人
	男性	−	222万人	−
	女性	−	205.2万人	−
	不詳	−	1.5万人	−
知的障害者（児）	総計	108.2万人	96.2万人	12万人
	男性	−	58.7万人	−
	女性	−	36.8万人	−
	不詳	−	0.8万人	−

		総数	外来患者	入院患者
精神障害者	総計	392.4万人	361.1万人	31.3万人
	男性	159.2万人	144.8万人	14.4万人
	女性	233.6万人	216.7万人	169万人

出所）『令和 2 年版　障害者白書』
https://www8.cao.go.jp/shougai/whitepaper/r02hakusho/zenbun/pdf/ref2.pdf（2021年 1 月 5
日閲覧）

害者は0.9％,精神障害者は3.1％となる。複数の障害を併せもつ者もいるため,単純な合計にはならないものの,国民のおよそ7.4％が何らかの障害を有していることとなる。

　なお,当該身体障害者数および知的障害者数は,「生活のしづらさなどに関する調査」に基づき推計されたものである一方,精神障害者数は,医療機関を利用した精神疾患のある患者数を精神障害者数としていることから,精神疾患による日常生活や社会生活上の相当な制限を継続的には有しない者も含まれている可能性がある。

　施設入所・入院の状況について,障害別に状況をみると,身体障害における施設入所者の割合1.7％,精神障害における入院患者の割合8.0％に対して,知的障害者における施設入所者の割合は11.1％となっており,とくに知的障害者の施設入所の割合が高い。

32

図表 1 −11　年齢階層別障害者数の推移（身体障害児（者）（在宅））

単位：千人（％）

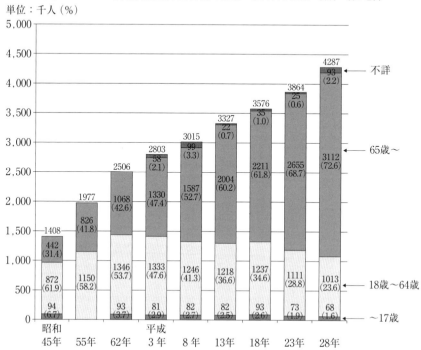

注 1 ：昭和55年は身体障害児（ 0 〜17歳）に係る調査を行っていない。
注 2 ：四捨五入で人数を出しているため，合計が一致しない場合がある。
資料）厚生労働省「身体障害児（者）基礎調査」（〜平成17年），厚生労働省「生活のしづらさなどに関する調査」（平成23・28年）
出所）内閣府『令和 2 年版　障害者白書』

（ 2 ）身体障害者（児）数の推移

　在宅の身体障害者428万 7 千人の年齢階層別にみると，18歳未満 6 万 8 千人（1.6％），18歳 以 上65歳 未 満101万 3 千 人（23.6％），65歳 以 上311万 2 千 人（72.6％）であり，70歳以上に限っても253万 6 千人（59.2％）となっている。

　わが国の総人口に占める65歳以上人口の割合（高齢化率）は調査時点の平成28（2016）年には27.3％（総務省「人口推計」平成28年10月 1 日（確定値））であり，在宅の身体障害者の65歳以上人口の割合（72.6％）は約2.7倍となっている。

　在宅の身体障害者の65歳以上の割合の推移をみると，在宅の身体障害者の全

図表 1 －12　年齢階層別障害者数の推移（知的障害児（者）（在宅））

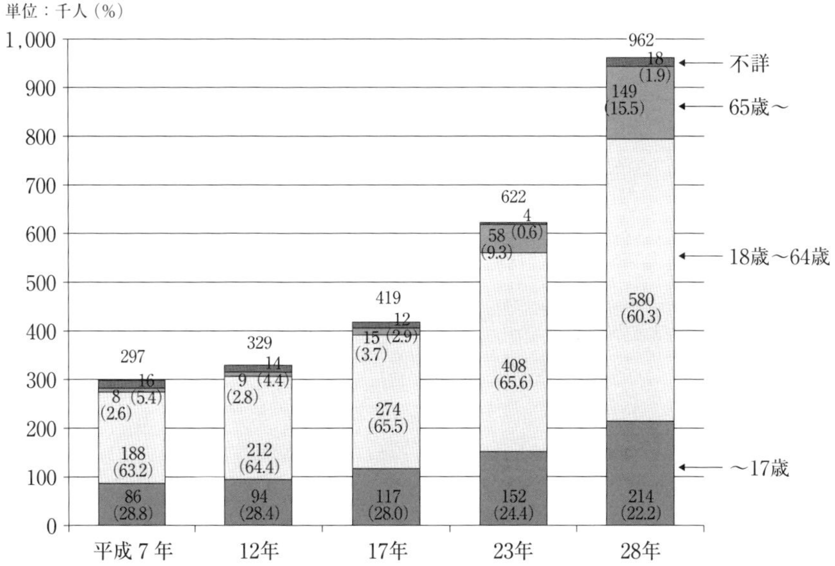

単位：千人（％）

注）四捨五入で人数を出しているため，合計が一致しない場合がある。
資料）厚生労働省「身体障害児（者）実態調査」（～平成18年），厚生労働省「生活のしづらさなどに
　　　関する調査」（平成23・28年）
出所）内閣府『令和 2 年版　障害者白書』

年齢のうち65歳以上の割合が，昭和45（1970）年には 3 割程度だったものが，平
成28年には 7 割程度まで上昇している（図表 1 －11）。

（3）知的障害児（者）

　在宅の知的障害者96万 2 千人の年齢階層別の内訳をみると，18歳未満21万 4
千人（22.2％），18歳以上65歳未満58万人（60.3％），65歳以上14万 9 千人（15.5％）
となっている。身体障害者と比べて18歳未満の割合が高い一方で，65歳以上の
割合が低い点に特徴がある（図表 1 －12）。

　知的障害者の推移をみると，平成23（2011）年と比較して約34万人増加して
いる。知的障害は発達期にあらわれるものであり，発達期以降に新たに知的障
害が生じるものではないことから，身体障害のように人口の高齢化の影響を大

34

図表1−13　年齢階層別障害者数の推移（身体障害者（外来））

（単位：万人）

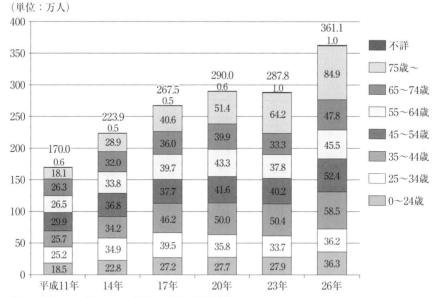

注1：平成23年の調査では宮城県の一部と福島県を除いている。
注2：四捨五入で人数を出しているため，合計が一致しない場合がある。
資料）厚生労働省「患者調査」（平成26年）より厚生労働省社会・援護局障害保険福祉部で作成

きく受けることはない。以前に比べ，知的障害に対する認知度が高くなり，療
育手帳取得者の増加が要因の一つと考えられる。

（4）精神障害者

　外来の年齢階層別精神障害者数の推移（図表1−13）について，平成26（2014）
年においては，精神障害者総数361万1千人のうち，25歳未満36万3千人
（10.1%），25歳以上65歳未満192万6千人（53.3%），65歳以上132万7千人
（36.7%）となっており，65歳以上の者の割合が高い。

　外来の精神障害者の全年齢のうち，65歳以上の割合は，平成20（2008）年か
ら平成26年までの6年間で，31.5%から36.7%へと上昇している。

参考文献

新・福祉士養成講座編集委員編『障障害者に対する支援と障害者自立支援制度　第6版』中央法規，2019年

社会福祉学習双書編集委員編『障害者福祉論』全国社会福祉協議会，2017年

馬場茂樹編『社会福祉士ワークブック』ミネルヴァ書房，2010年

佐藤久夫・小沢温『障害者福祉の世界（第3版）』有斐閣アルマ，2006年

小澤温編『よくわかる障害者福祉』第7版　ミネルヴァ書房，2020年

内閣府編『平成29年版　障害者白書』2017年

内閣府編『平成30年版　障害者白書』2018年

厚生労働省編『平成30年版　厚生労働白書）』2018年

社会福祉の動向編集委員全編『社会福祉の動向』中央法規，2019年

基礎からの社会福祉編集委員会編『障害者福祉論』ミネルヴァ書房，2008年

中村優一・板山賢治編『自立生活への道』全国社会福祉協議会，1980年

高橋流里子『障害者の人権とリハビリテーション』中央法規，2008年

江草安彦『ノーマリゼーションへの道』全国社会福祉協議会，1982年

定藤丈弘・岡本栄一・北野誠一編『自立生活の思想と展望』ミネルヴァ書房，1993年

世界保健機関・障害者福祉研究会編『ICF 国際機能分類―国際障害分類改定版』中央法規，2002年

相澤徳治・稲本好市・直島正樹編『障害者への支援と障害者自立支援制度［第2版］―障害者ソーシャルワークと障害者総合支援法―』みらい，2018年

「社会福祉学双書」編集委員会編『障害者福祉』全国社会福祉協議会，2021年

読者のための参考図書

『障害者白書』内閣府，毎年6月

　「障害者基本法」に基づいて厚生労働省が国会に提出している障害者施策の概況の年次報告書である。障害者福祉のあらゆる分野の施策や関連資料が紹介されているので，障害者保健福祉施策の動向を知ることができる。その他，『精神保健福祉白書』（精神保健福祉編集委員全編），『発達障害白書』（日本発達障害福祉連盟編）なども毎年発行されている。

社会福祉の動向編集委員会編『社会福祉の動向』中央法規，毎年2月

　わが国の社会福祉制度を構成する各分野に渡り，制度の概要と最近の動向を示している。わかりやすく解説してあり，社会福祉制度の理解を深めるには必要な書である。

厚生労働統計協会編『国民の福祉と介護の動向』厚生労働統計協会，毎年10月

　わが国の広い範囲に及ぶ社会福祉の動向を概観するのに適している。制度の概要と最近の動向をわかりやすく解説しており，社会福祉の制度の理解を深め今後の福祉のあり方を考えるうえで参考になる。

世界保健機関・障害者福祉研究会編『ICF 国際機能分類―国際障害分類改定版』中央法規，2002年

国際生活機能分類の厚生労働省による全訳。国際生活機能分類の基本的考え方，目的，分類コード化を理解するのに大変よい。健康状態，心身機能・身体構造活動，参加，環境因子，個人因子など各分野において，国際的な共通認識や共通用語について理解できる。

中園康夫『ノーマリゼーション原理の研究』海声社，1996年

バンク＝ミケルセンによって誕生したノーマライゼーションの理念を発展させたベンクト・ニイリエ，ヴオルヘンスベルガーの3人のノーマライゼーション思想をわかりやすく紹介している。ノーマライゼーションの原理を正確に理解するのによい文献である。

佐藤久夫・小澤温『障害者福祉の世界（改訂版）』有斐閣，2006年

「障害」と「障害者」の理解の仕方，障害者の思想，障害者福祉制度の概要，生活支援と自立支援など障害者福祉の全体像を理解することができる。障害者福祉の基本的な理念とともに，障害者自身の意識の変革，障害者自立支援法の解説など，障害者福祉を考えるうえで参考になる。

『ノーマライゼーション』（月刊）日本障害者リハビリテーション協会

障害者間魅に対しての情報誌。月々のテーマを決めて特集を組んでいるのが特徴である。行政，実践現場や当事者などから意見が述べてある。タイムリーな話題が多いので，障害者福祉を専門的に行う人は必読である。

演習問題

① 日本や国連などの障害者の施策を年代順にまとめてみよう。

② 身体障害者(児)，知的障害者(児)，精神障害者のニーズについてまとめてみよう。

✲考えてみよう

❶ 障害者を「障害者」という人ではなく，「障害という一つの特徴を持つ人」としてとらえることが重要である。それらの考えに基づいて，その人の生活課題を制度や施策から学び，自立について考えてみよう。

❷ 4つの障壁（バリア）を具体的にあげてみよう。また身近な地域や学校などの障壁（バリア）を調べてみよう。

❸ ICF（国際障害分類）の諸次元の相互作用の資料を用いて自分の生活や障害者について分析してみよう。

第2章　障害者に関わる法体系

　わが国の障害者福祉に関する主な法律は，身体障害者福祉法（1949年に公布1950年4月施行），精神薄弱者福祉法（1960年に公布同年施行，1998年に知的障害者福祉法へ改正），精神衛生法（1950年に公布同年施行，1995年に精神保健及び精神障害者福祉に関する法律に改正），心身障害者対策基本法（1970年に公布同年施行，1997年に障害者基本法へ改正），発達障害者支援法（2004年公布2005年施行）等である。障害者基本法により，障害者福祉法に関する理念が規定され，一方で身体障害者，知的障害者，情神障害者，発達障害者との障害の種別毎の法律により，障害者福祉が展開されてきた特徴をもつ。
　2005（平成17）年の障害者自立支援法の成立により，身体障害者，知的障害者，精神障害者等別々の法律によって施策を構築してきたが，障害種別を超えて，共通の基盤でサービス提供体制を構築する時代に入り，各福祉法では，当該障害者福祉に特化した内容に変わっていった。

キーワード　身体障害者，知的障害者，精神障害者，発達障害者

1．障害者基本法（旧心身障害者対策基本法）[1]

　障害者基本法は，障害者の自立及び社会参加の支援等のための施策に関し，基本的理念を定め，及び国，地方公共団体等の責務を明らかにするとともに，障害者の自立及び社会参加の支援等のための施策の基本となる事項を定めること等により，障害者の自立及び社会参加の支援等のための施策を総合的かつ計画的に推進し，もって障害者の福祉を増進することを目的として制定された。

　1970年に公布された心身障害者対策基本法は，障害者に対する法律，政令，省令，条例等の法令が，この法律が示す目的や基本的理念に沿ったものでなければならないという点について規定がなされた障害者施策に関する基本的な事項を定めた法律である。1993年，2004年，2011年に大きな改正が行われ，現在の条文となっている。

　1993年の改正では，障害者基本法へと名称が改められたこと，定義（第2条）に精神障害が加えられた。この改正によって，精神障害者が身体障害者，知的障害者と同様に福祉の対象であることが位置づけられた。

　また，障害者基本計画等（1993年改正時 第7条の2，2004年改正第9条）に関する規定が明記され，この条文を根拠に，都道府県は都道府県障害者計画を，市町村は市町村障害者計画の策定が義務づけられた。

　2004年の改正では，第1条の目的に「障害者の自立及び社会参加の支援等のための施策に関し，基本的理念を定め（略）」と障害者の「自立及び社会参加」に対する支援であることが明文化された。また，第3条第3項において障害者差別の禁止についての条項が加えられた。

　2011年の改正は，障害者1の権利条約の批准に向けた，国内法整備の一環として行われた。

　条約では，人権の自由権的側面と社会権的側面が相互に密接不可分の関係にあることを前提に，個別の人権について規定しているが，第19条「自立した生活及び地域社会への包容」の項の例では，「全ての障害者が他の者と平等の選択の機会をもって地域社会で生活する平等の権利を有することを認める」と規定している。

　これら条約の規定に対応できるよう，障害者基本法第1条の目的規定を見直すとともに，地域社会における共生等を実現し差別をなくすため，あらゆる分野の活動への参加，障害を理由とした差別の禁止，社会的障壁の除去のための必要かつ合理的な配慮の義務づけ，選挙・司法手続きにおける配慮などを新たに規定された。

障害者差別禁止法（障害のある人に対する差別の撤廃を規定した法律）
　1990年「障害のあるアメリカ人法（ADA法．American with Disability Act）」
や1995年イギリスの「障害者差別禁止法（DDA：Disablty Discrimination Act）」
等がある。1993年の国連「障害のある人の機会均等化に関する標準規則」の「政
府は，障害のある人の完全参加と平等という目的を達成するための措置の法的根
拠を作成する義務がある」を受け，日本においても労働，教育や地域生活を営む
権利の保障と障害を理由に拒絶されることなく，国や地方公共団体のみならず民
間を含めた義務を課す法の制定への運動が進められている。

2．身体障害者福祉法[2]

　身体障害者福祉法は，1949（昭和24）年12月に，障害者の自立および社会参
加の支援等のための施策に関する基本的理念を定め，国，地方公共団体等の責
務を明らかにするとともに，障害者の自立および社会参加の支援等のための施
策の基本となる事項を定めること等により，障害者の自立および社会参加の支
援等のための施策を総合的かつ計画的に推進し，もって障害者の福祉を増進す
ることを目的として制定された。

（1）経　　緯

　第二次世界大戦直後に制定された身体障害者福祉法は，戦後の混乱のなかで
身体障害のある人の職業的自立をめざしており，法の性格を更生法としてとら
え，更生に必要な限度において特別な保護を行い，障害のためにその能力を発
揮できない者に，補装具を交付し，指導および訓練を行うことによって就業お
よび職業復帰を図ることを目的とした。

　社会経済の発展と身体障害者施策に対する国民的な関心から身体障害者福祉
行政が発展し，1967（昭和42）年に身体障害者福祉法の改正がなされた。その
目的には，「障害者の生活の安定に寄与する等」が追加され，職業復帰のみを目
的としていたものから，広く生活の安定をめざすこととなった。心臓機能障害

や呼吸器機能障害が新たに障害の認定の対象となり，内部障害者更生施設が身体障害者更生援護施設に加えられた。また，身体障害者相談員制度や身体障害者家庭奉仕員派遣制度が創設された。高度経済成長を背景に身体障害者福祉施策は発展していく。

　その後，ノーマライゼーションの思想が広まるなか，わが国も国際的な影響を受け，障害者施策の転換がなされた。国連は1981年を国際障害者年とし，「完全参加と平等」のスローガンのもとに，世界各国で障害者施策を推進するよう勧告がなされた。わが国でも，1982（昭和57）年に「障害者対策に関する長期計画」が策定され，身体障害者福祉法も1984（昭和59）年に改正を行い，法の目的および理念を規定した第2条の見出しを「自立への努力及び機会の確保」とするとともに，内部障害として「ぼうこう又は直腸の機能障害」が障害認定の対象となった。また，身体障害者福祉ホームが創設され，身体障害者福祉センターが法定化された。

　1990（平成2）年，福祉関係8法改正が行われ，住民に身近な市町村が福祉サービスを提供できるようになり，身体障害者福祉法においても，身体障害者更生援護施設の入所決定権等を市町村に権限移譲するとともに，法の目的に「自立と社会経済活動への参加を促進する」という考え方を追加した。また，在宅福祉の充実を行い，ホームヘルプサービス，デイサービス，ショートステイを法定化した。

　2000（平成12）年に「社会福祉の増進のための社会福祉事業法等の一部を改正する等の法律」が成立し，社会福祉基礎構造改革が行われた。身体障害者福祉法も支援費制度を導入し，障害者の自己決定を尊重し，利用者本位のサービス提供を基本として，事業者との対等な関係に基づき，障害者自らがサービスを選択し，契約によりサービスを利用する仕組みとなった。

　2005（平成17）年には，障害者自立支援法が成立し，① 障害者施策の3障害一元化，② 利用者本位のサービス体系への再編，③ 就労支援の抜本的強化，④ 支給決定の透明化・明確化，⑤ 安定的な財源の確保，の観点から，障害者福

祉制度が大きく変わった。この法律によって，従来，身体障害者，知的障害者，精神障害者等別々の法律によって施策が構築されてきたものが，障害種別を超えて，共通の基盤でサービス提供体制を構築することとなった。障害者自立支援法の成立に伴い，身体障害者福祉法は，身体障害者福祉に特化した内容に変わった。たとえば，身体障害者の定義，身体障害者更生相談所，身体障害者社会参加支援施設，身体障害者手帳制度等が規定されている。

　2012（平成24）年6月に「障害者の日常生活及び社会生活を総合的に支援するための法律」（障害者総合支援法）が公布され，2013（平成25）年4月1日施行された。この法律は，障害者自立支援法に代わる法律として制定され，その改正ポイントは，① 制度の谷間のない制度設計，② 個々のニーズに基づいた地域生活支援体系の構築，③ サービス基盤の計画的整備，④ 障害者施策の段階的実施，で地域社会における共生の実現に向けて障害者福祉施策を推進することとなった。これに伴い，身体障害者福祉法も障害者総合支援法との整合性を図るために改正がなされた。

障害者の権利宣言

　1975年の国連総会で採択された身体障害者，知的障害者，精神障害者を含むすべての障害者の権利に関する宣言である。障害者の定義をはじめとする13の条項から構成されている。「同年齢の市民と同等の権利を有する」「可能な限り通常のかつ十分満たされた相当の生活を送ることができる権利を意味する」（第3項）等ノーマライゼーションの理念の文章化がある。その他，市民権，自立の権利，リハビリテーション，経済的・社会保障の権利の規定がある。

　　　　　　（成清美冶ほか編『現代社会福祉用語の基礎知識』学文社，2009年より）

（2）目　　的

　身体障害者福祉法の目的は，第1条に，「障害者の日常生活及び社会生活を総合的に支援するための法律と相まって，身体障害者の自立と社会経済活動への参加を促進するため，身体障害者を援助し，及び必要に応じて保護し，もって

身体障害者の福祉の増進を図ることを目的とする」と規定されている。つまり，身体障害者の自立は，職業的な自立のみをめざしているのではなく，身体障害者の生活そのものに着目しながら，個人の権利と尊厳を重んじる社会の構成員として生きていくことを意味している。そのため，身体障害者は，第2条第2項で「社会，経済，文化その他あらゆる分野の活動に参加する機会を与えられるものとする」とされ，また第3条第2項では「国民は，社会連帯の理念に基づき，身体障害者がその障害を克服し，社会経済活動に参加しようとする努力に対し，協力するように努めなければならない」として，国民にも社会連帯による身体障害者の自立や社会参加への協力を求めている。

（3）対　　象

身体障害者福祉法の対象は，身体障害者の定義として第4条に，「この法律において，『身体障害者』とは，別表に掲げる身体上の障害がある18歳以上の者であって，都道府県知事から身体障害者手帳の交付を受けたものをいう」と規定されている。別表に掲げる身体上の障害は，図表2－1に示しているとおりである（第1章　図表1－6参照のこと）。

表中の五の「その他政令で定める障害」とは，「ぼうこう又は直腸の機能，小腸の機能，ヒト免疫不全ウイルスによる免疫の機能，肝臓の機能」である。内部障害という言葉が用いられることがあるが，それらは心臓・じん臓または呼吸器の機能障害，ぼうこうまたは直腸の機能障害小腸機能障害，ヒト免疫不全ウイルスによる免疫の機能障害，肝臓の機能障害を総称して表現している。

（4）実施機関

身体障害者福祉法に定める身体障害者またはその介護を行う者の援護は，身体障害者の居住地の市町村（特別区を含む）が行うことになっている。ただし，身体障害者が居住地を有していないか，または明らかでない者については，その身体障害者の現在地の市町村（特別区を含む）が行う。障害者総合支援法に規

図表 2 - 1　身体障害者福祉法に掲げる身体障害

一　次に掲げる視覚障害で，永続するもの
1　両眼の視力（万国式試視力表によって測ったものをいい，屈折異常がある者については，矯正視力について測ったものをいう。以下同じ。）がそれぞれ0.1以下のもの 　2　一眼の視力が0．02以下，他眼の視力が0.6以下のもの 　3　両眼の視野がそれぞれ10度以内のもの 　4　両眼による視野の2分の1以上が欠けているもの
二　次に掲げる聴覚又は平衡機能の障害で，永続するもの
1　両耳の聴力レベルがそれぞれ70デシベル以上のもの 　2　一耳の聴力レベルが90デシベル以上，他耳の聴力が50デシベル以上のもの 　3　両耳による普通話声の最良の語音明瞭度が50パーセント以下のもの 　4　平衡機能の著しい障害
三　次に掲げる音声機能，言語機能又はそしやく機能の障害
1　音声機能，言語機能又はそしやく機能の喪失 　2　音声機能，言語機能又はそしやく機能の著しい障害で，永続するもの
四　次に掲げる肢体不自由
1　一上肢，一下肢又は体幹の機能の著しい障害で，永続するもの 　2　一上肢のおや指を指骨間関節以上で欠くもの又はひとさし指を含めて一上肢の二指以上をそれぞれ第一指骨間関節以上で欠くもの 　3　一下肢をリスフラン関節以上で欠くもの 　4　両下肢のすべての指を欠くもの 　5　一上肢のおや指の機能の著しい障害又はひとさし指を含めて一上肢の三指以上の機能の著しい障害で，永続するもの 　6　1から5までに掲げるもののほか，その程度が1から5までに掲げる障害の程度以上であると認められる障害
五　心臓，じん臓又は呼吸器の機能の障害その他政令で定める障害で，永続し，かつ，日常生活が著しい制限を受ける程度であると認められるもの

定している障害者支援施設等に入所している身体障害者や生活保護法の規定により入所している身体障害者（特定施設入所身体障害者）は，入所前に有した居住地（継続して2以上の特定施設に入所している身体障害者は最初に入所した特定施設への入所前に有した居住地）の市町村（特別区を含む）が援護することになっている（第9条）。

1）市町村の役割

市町村（特別区を含む）は，身体障害者福祉法の施行に関して，次の業務を行わなければならない（第9条第5項）。

① 身体に障害のある者を発見して，又はその相談に応じて，その福祉の増進を図るために必要な指導を行うこと。

② 身体障害者の福祉に関し，必要な情報の提供を行うこと。

③ 身体障害者の相談に応じ，その生活の実情，環境等を調査し，更生援護の必要の有無及びその種類を判断し，本人に対して，直接に，又は間接に，社会的更生の方途を指導すること並びにこれに付随する業務を行うこと。

市町村（特別区を含む）は，情報の提供や相談または指導の業務のうち，主として居宅で生活している身体障害者やその介護者については，障害者総合支援法に規定している一般相談支援事業または特定相談支援事業を行う当該市町村以外の者に委託することができる。また，福祉事務所に身体障害者福祉司を置いていない市町村長および福祉事務所を設置していない町村長は，③の業務を行うにあたって，専門的な知識や技術を必要とするときは，身体障害者更生相談所の技術的援助や助言を求めなければならない。さらに，市町村長（特別区の区長を含む）は，次の業務を行うとき，特に医学的，心理学的および職能的判定を必要とする場合，身体障害者更生相談所の判定を求めなければならない。

2）連結調整等の実施者

都道府県は，法の施行に関して，次に掲げる業務を行わなければならない（第10条）。

① 市町村の援護の実施に関し，市町村相互間の連絡調整，市町村に対する情報の提供その他必要な援助を行うこと及びこれらに付随する業務を行うこと。

② 身体障害者の福祉に関し，主として次に掲げる業務を行うこと。

イ 各市町村の区域を超えた広域的な見地から，実情の把握に努めること。

ロ　身体障害者に関する相談及び指導のうち，専門的な知識及び技術を必要とするものを行うこと。

ハ　身体障害者の医学的，心理学的及び職能的判定を行うこと。

ニ　必要に応じ，障害者総合支援法に規定する補装具の処方及び適合判定を行うこと。

3）身体障害者更生相談所

　都道府県は，身体障害者の更生援護の利便のため，及び市町村の援護の適切な実施の支援のため，身体障害者更生相談所を設置しなければならない。その身体障害者更生相談所には，身体障害者福祉司を置かなければならない（第11条，第11条の2）。

（5）身体障害者手帳制度

　身体に障害のある者は，都道府県知事の定める医師の診断書を添えて，その居住地（居住地を有しないときは，その現在地）の都道府県知事に身体障害者手帳の交付を申請することができる。障害福祉サービスを利用するためには，身体障害者手帳を所持していることが必要であり，知的障害や精神障害を有する者が療育手帳や精神障害者保健福祉手帳を所持していなくても障害福祉サービスを利用できるのと異なっている。運用上，身体障害者手帳を申請中の者も障害福祉サービスを利用することができる場合もある。本人が15歳未満の場合，その保護者が代わって申請する。15歳未満の身体障害児の保護者が身体障害者手帳の交付を受けた場合，本人が満15歳に達したとき，または本人が満15歳に達する前にその保護者が保護者でなくなったときは，すみやかに身体障害者手帳を本人又は新たな保護者に引き渡さなければならない（第15条）。

3．知的障害者福祉法³⁾

　知的障害者福祉法は，1950（昭和35）年に精神薄弱者福祉法として公布された法律であり，1999（平成11）年に『精神薄弱の用語の整理のための関係法律の一部を改正する法律』に基づいて，法律名が現行のものになった。障害者総合支援法と相まって，「知的障害者の自立と社会経済活動への参加を促進するため，知的障害者を援助するとともに必要な保護を行い，もって知的障害者の福祉を図ることを目的」とした法律である。

（1）経　　緯

　精神薄弱者福祉法（現知的障害者福祉法）は，1960年に公布同年施行され，1998年に知的障害者福祉法へ改正された。同法の成立は，児童福祉法の精神薄弱児（知的障害児）対策による精神薄弱児施設での施設施策において，成長していく障害児が児童福祉法の年齢区分を超えた後に対応する目的が主とされる。

　児童福祉法（1947年公布）により「精神薄弱児施設」が位置づけられる。同年公布の教育基本法，学校教育法において養護学校，特殊学級が位置づけられる。1951年児童憲章が制定された。1952年精神薄弱児育成会（現全日本手をつなぐ育成会）が結成され，第1回手をつなぐ親の会全国大会が開催された。

　1958（昭和33）年に国立知的障害児施設（国立秩父学園）が設置された。その位置づけは，重度重複障害児の入所者の社会復帰の可能性が低いということらであった。

　知的障害者について，児童から成人までの一貫した施策が必要であることが各方面から提起されてきたことなどを背景に1960（昭和35）年に精神薄弱者福祉法が制定され，精神薄弱者援護施設，精神薄弱者更生相談所の設置および運営について，精神薄弱者職親委託制度，国際精神薄弱者育成会連盟が設立される。

　1961（昭和36）年に重症心身障害児施設（島田療育園）開設，1963（昭和38）年重症心身障害児施設が制度化，18歳以上の障害者を受け入れるために病院として位置づけられた。1966（昭和41）年に国立高崎コロニー建設が決定される。これらの対策により，わが国の障害児（者）政策が，対象の年齢および障害の種類毎に対応することとなる。そして入所施設推進政策が推し進められる。

　1968（昭和43）年，精神薄弱者相談員設置要綱，精神薄弱者援護施設基準が明らかにされ，通所の形態も認可されるようになった。1971（昭和46）年国立コロニーのぞみ園開園，児童手当法施行（児童の養育者に支払われる手当），精神薄弱者通勤寮設置運営要綱，精神薄弱児（者）施設入所者実態調査が実施される。

　その後1977（昭和52）年には，精神薄弱者通所援護事業の実施，共同作業所全国連絡会が結成されるなど，施設政策から徐々にではあるが，在宅サービスへ移行を始める。1994（平成6）年，児童の権利に関する条約を批准する。

　1998（平成10）年に精神薄弱者福祉法から現在の知的障害者福祉法へ改題される。知的障害者の定義は，本法による規定はない。精神保健福祉法第5条の定義では，「この法律で『精神障害者』とは，統合失調症，精神作用物質による急性中毒又はその依存症，知的障害，精神病質その他の精神疾患を有する者をいう」と規定される。いずれにしても客観的な基準による規定ではなく，支援の有無，程度により知的障害者に対する規定がなされている。

　2000（平成12）年の知的障害者福祉法の一部改正では，障害者福祉におけるノーマライゼーションの考え方をふまえ，知的障害者の自立への努力についての規定を設けるとともに，国および地方公共団体の責務を明示し，知的障害者デイサービス事業および相談支援事業等を新たに法律上の事業として位置づけるなどの所要の改正が行われた。

　2006（平成18）年の障害者自立支援法（現障害者総合支援法）の施行によって，障害種別にかかわらず一元的にサービスを提供するため，これまで知的障害者福祉法に規定されていた居宅サービスおよび施設サービスは，市町村の措置に

よるサービスを除き障害者自立（総合）支援法に位置づけられた。

（2）目　　的

　知的障害者福祉法 第1条において，「この法律は，障害者の日常生活及び社会生活を総合的に支援するための法律と相まって，知的障害者の自立と社会経済活動への参加を促進するため，知的障害者を援助するとともに必要な保護を行い，もって知的障害者の福祉を図ることを目的とする」と規定している。

　障害者施策の基本は，障害者が生涯のあらゆる段階において能力を最大限に発揮し，自立した生活をめざすことを支援すること，および障害者が障害のない者と同様に生活し，活動する社会を築くことである。この意味で，知的障害者への支援は，障害者自らの能力を高めるために行われるものであるが，必ずしも職業に就き経済的自立のみを目標とするのではなく，生活の自立をはじめ，さまざまなサービスを利用して自立することも含まれる。また社会活動への参加，自らの生活を自らの意思で選択・決定する自律も重要である。

（3）対　　象

　「知的障害者」については，法律上の定義づけがなされていない。しかし，1990（平成2）年に実施された精神薄弱児（者）福祉対策基礎調査において，知的障害とは，「知的機能の障害が発達期（おおむね18歳まで）にあらわれ，日常生活に支障が生じているため，何らかの特別な援助を必要とする状態にあるもの」とされ，それ以後の1995（平成7）年，2000（平成12）年，2005（平成17）年の調査においても，この定義が使用されている。

（4）国，地方公共団体および国民の責務

　「国及び地方公共団体は，前条に規定する理念が実現されるように配慮して，知的障害者の福祉について国民の理解を深めるとともに，知的障害者の自立と社会経済活動への参加を促進するための援助と必要な保護の実施に努めなけれ

ばならない」（第 2 条第 1 項）とされている。

　本条の前段は，国および地方公共団体が国民に対して，知的障害に関する啓発を行い，国民が知的障害や知的障害者について適切に理解し，その福祉向上に十分協力できるようにしなければならないことを規定したものである。後段は，知的障害者に対する援護（援助と保護）が，国および地方公共団体の責務であることを明らかにしたものであり，国および地方公共団体は，本法に基づく援護が円滑かつ強力に推進されるよう努めなければならない。

　また，「国民は，知的障害者の福祉について理解を深めるとともに，社会連帯の理念に基づき，知的障害者が社会経済活動に参加しようとする努力に対し，協力するように努めなければならない」（第 2 条第 2 項）とされ，国民自身も知的障害者の実態や知的障害に対する理解を深め，ともに生き，同じ社会をつくる一員として，知的障害者が社会経済活動などへ参加することに協力し，その自立を援助する責務があることを明らかにしている。

（5）援護の実施者

　援護の実施機関については，2000（平成12）年の知的障害者福祉法の一部改正により，この法律に定める知的障害者またはその介護を行う者に対する市町村による更生援護は，知的障害者が居住地を有するときはその知的障害者の居住地の市町村が，知的障害者が居住地を有しないとき，またはその居住地が明らかでないときは，その知的障害者の現在地の市町村が行うものとするとされ，市町村は，この法律の施行に関して，次の業務を行わなければならないとされている（第 9 条第 3 項）。

　①　知的障害者の福祉に関し，必要な実情の把握に努めること。

　②　知的障害者の福祉に関し，必要な情報の提供を行うこと。

　③　知的障害者の福祉に関する相談に応じ，必要な調査及び指導を行うこと，並びにこれらに付随する業務を行うこと。

（6）知的障害者福祉法のサービス

　市町村は，やむを得ない事由により障害者総合支援法による介護給付費等の支給を受けることが著しく困難な場合は，政令で定める基準に従って障害福祉サービスを提供することができるとともに（第15条の4），必要に応じ障害者支援施設等に入所の措置をとらなければならない（第16条）。さらに市町村がとるべき措置として，必要に応じて知的障害者や保護者への指導，職親への委託等がある。

　また，市町村長は，判断能力が不十分な知的障害者について成年後見制度の利用を確保するため，必要があると認めるときは民法に規定する審判の請求をすることができる（第28条）。

　知的障害者（児）に対して，一貫した指導・相談を行うとともに，これらの者に対する各種の援助措置を受けやすくするため，知的障害者（児）に手帳を交付し，もって知的障害者（児）の福祉の増進に資することを目的として，児童相談所または知的障害者更生相談所において知的障害であると判定された者に対して療育手帳を交付している。

　援助措置としては，以下のものがある（障害の程度や課税状況等の条件付きのものもある）。

① 特別児童扶養手当

② 心身障害者扶養共済

③ 国税，地方税の諸控除および減免税

④ 公営住宅の優先入居

⑤ NHK受信料の免除

⑥ 旅客鉄道株式会社等の旅客運賃の割引

　療育手帳においては，障害の程度の判定として，重度の場合は「A」，その他の場合は「B」と表示するものとされている。

（7）支援体制の整備等

　市町村は，知的障害者の意思決定の支援に配慮しつつ，更生援護，障害者総合支援法の規定による自立支援給付や地域生活支援事業，その他地域の実情に応じたきめ細かな福祉サービスが積極的に提供され，「知的障害者が，心身の状況，その置かれている環境等に応じて，自立した日常生活及び社会生活を営むために最も適切な支援が総合的に受けられるように，福祉サービス提供者又はこれらに参画する者の活動の連携及び調整を図る等地域の実情に応じた体制の整備に努め」ることとなっている（第15条の3）。

　知的障害者等の「意思決定支援」については，2017（平成29）年3月31日に，意思決定支援の定義や意義，標準的なプロセス，留意点を取りまとめた「障害福祉サービス等の提供に係る意思決定支援ガイドライン」が，厚生労働省より地方自治体に通知された。

　なお，市町村は，こうした体制の整備や更生援護の実施にあたっては，「知的障害者が引き続き居宅において日常生活を営むことができるよう配慮しなければならない」とされている（同第2項）。

4．精神保健及び精神障害者福祉に関する法律（精神保健福祉法）[4]

　精神障害者の医療や保護，また，障害者総合支援法とともに，精神障害者が社会復帰するために必要な施策の規定，さらに精神疾患の発生の予防や精神的健康を保てるようにするための施策について規定する法律である。

（1）経　　緯

　戦後，精神障害者に対する法律は，1950（昭和25）年に「精神病者監護法」「精神病院法」が廃止され「精神衛生法」が制定された。医療の対象としての法律である。成立時の法目的は，① 精神障害者の医療・保護とその発生予防により，国民の精神的健康の保持・増進，② 都道府県に精神病院の設置を義務づけ

ることである。さらに，精神衛生相談所，精神衛生鑑定医制度を設ける一方で
一般人や警察官などからの通報制度を導入し，自傷他害のおそれのある精神障
害者の措置入院の制度を設けたことが特徴である。さらに，保護義務者（現在
の保護者）の制度として保護義務者の同意による同意入院の制度が設けられた。
この法律によって，すべての精神障害者は医療の対象として医療機関で治療を
受けることになった。

　法の見直しは1965（昭和40）年に行われ，① 地域における精神保健行政の第
一線機関として保健所を位置づけ精神衛生相談員を配置できること，在宅の精
神障害者の訪問指導，相談事業を強化，② 各都道府県の精神保健に関する技術
的中核機関として精神衛生センター（現在の精神保健福祉センター）の設置，③ 医
療保護の充実を図るために，病院管理者による届け出制度，緊急措置入院制度，
入院措置の解除規定，守秘義務規定等が加えられた。また，翌年1966年から精
神障害者通院医療費公費負担制度が実施された（2006年4月，障害者自立支援法
の施行によって廃止）。

　「精神衛生法」改正の契機は，1984（昭和59）年3月の栃木県宇都宮病院事件
による。さらに1983〜1992年までを国連・障害者の10年として各国に具体的な
障害者対策を進めるように推奨された。これらの背景により「精神衛生法」の
改正が行われた。1987年，精神障害者等の人権などを配慮した適正な医療・保
健の確保，精神障害者の社会復帰の促進，国民の精神的健康の保持・向上を趣
旨として「精神衛生法」等の改正が行われ，「精神保健法」として1988年7月1
日より施行された。

　この改正の主な内容は，① 精神障害者本人の同意に基づく任意入院制度，
② 入院時等における書面による権利等の告知制度，③ 入院の必要性や処遇の妥
当性を審査する精神医療審査会制度，④ 精神科救急に対応するための応急入院
制度，⑤ 入院医療が終了した精神障害者の社会復帰の促進を図るために，⑥ 精
神障害者社会復帰施設に関する規定が設けられたこと等である。

　1993年には，精神障害者の定義を改め，精神分裂病，中毒性精神病，精神薄

弱，精神病質その他の精神疾患を有する者として，① 精神障害者の社会復帰の促進，② 精神障害者の適正な医療および保護の実施などの趣旨により，精神保健法の一部改正が行われた。これにより，① グループホームの法定化，② 精神障害者社会復帰促進センターの創設，③ 仮入院の期間の短縮，④ 大都市特例による指定都市への事務移譲，調理師など，資格制度上の欠格事項の見直しが行われた。

　1993（平成5）年12月には，心身障害者対策基本法が改正されて障害者基本法が成立する。精神障害者が，身体障害者・精神薄弱者と並んで基本法の対象として明記され，福祉の対象でもあることとされ，国・都道府県と市町村は，障害者計画を定めて施策の総合推進を図ることとされた。また，1994年には，保健所法が地域保健法へと改正され，地域保健対策推進の枠組みが改められ，精神障害者についても，社会復帰施策のうち身近な利用頻度の高いサービスは，市町村が保健所の協力のもとに実施することが望ましいとされるようになった。

　これらの法律の改正をふまえて，精神障害者の社会復帰の促進および地域精神保健の施策の充実を図るために1995年5月に，精神保健法が改正され，「精神保健及び精神障害者福祉に関する法律」が制定された。この法律の目的には，①「自立と社会参加促進」といった障害者福祉の理念に共通する考えを導入したこと，② 精神障害者保健福祉手帳制度を導入したこと，③ 市町村の役割を明示したこと，④ 医療保護入院の告知義務の徹底化など，精神障害者の人権を重視したものになった。

　2005（平成17）年に成立した障害者自立支援法（障害者総合支援法）により，社会復帰施設を柱とした福祉サービスの多くは障害者総合支援法の制度に移行した。

　精神疾患患者は，いわゆる5大疾患のなかでも，がん，脳卒中，急性心筋梗塞，糖尿病よりも多い状況となっている。また，うつ病や気分障害などの患者数も増加しており，精神科医療に対する需要は多様化している。病院での医療

54

図表2-2　精神保健及び精神障害者福祉に関する法律の一部を改正する法律の概要

> 精神障害者の地域生活への移行を促進するため、精神障害者の医療に関する指針（大臣告示）の策定、保護者制度の廃止、医療保護入院における入院手続等の見直し等を行う。

1. 法案の概要

（1）精神障害者の医療の提供を確保するための指針の策定
　　厚生労働大臣が、精神障害者の医療の提供を確保するための指針を定めることとする。

（2）保護者制度の廃止
　　主に家族がなる保護者には、精神障害者に治療を受けさせる義務等が課されているが、家族の高齢化等に伴い、負担が大きくなっている等の理由から、保護者に関する規定を削除する。

（3）医療保護入院の見直し
①医療保護入院における保護者の同意要件を外し、家族等（＊）のうちのいずれかの者の同意を要件とする。
　　＊配偶者、親権者、扶養義務者、後見人又は保佐人。該当者がいない場合等は、市町村長が同意の判断を行う。
②精神科病院の管理者に、
　　・医療保護入院者の退院後の生活環境に関する相談及び指導を行う者（精神保健福祉士等）の設置
　　・地域援助事業者（入院者本人や家族からの相談に応じ必要な情報提供等を行う相談支援事業者等）との連携
　　・退院促進のための体制整備
　　を義務付ける。

（4）精神医療審査会に関する見直し
①精神医療審査会の委員として、「精神障害者の保健又は福祉に関し学識経験を有する者」を規定する。
②精神医療審査会に対し、退院等の請求をできる者として、入院者本人とともに、家族等を規定する。

2. 施行期日
平成26年4月1日（ただし、1．（4）①については平成28年4月1日）

3. 検討規定
政府は、施行後3年を目途として、施行の状況並びに精神保健及び精神障害者の福祉を取り巻く環境の変化を勘案し、医療保護入院における移送及び入院の手続の在り方、医療保護入院者の退院を促進するための措置の在り方、入院中の処遇、退院等に関する精神障害者の意思決定及び意思の表明の支援の在り方について検討を加え、必要があると認めるときは、その結果に基づいて所要の措置を講ずる。

出所）https://www.mhlw.go.jp/seisakunitsuite/bunya/hukushi_kaigo/shougaishahukushi/kaisei_seisin/dl/hou_gaiyo.pdf　（2020年11月10日閲覧）

に携わる人材が不足するなどの問題も生じてきている。このような現状に対する解決策としては，治療の必要がなく長期入院を続ける「社会的入院」の解消，精神障害者に対する強制入院や保護者制度の見直し，医師や看護師等の人員体制の充実が課題となった。

　2004（平成16）年9月に厚生労働省の精神保健福祉対策本部において「精神保健医療福祉の改革ビジョン」がとりまとめられ，「入院医療中心から地域生活中心へ」という基本理念が示された。その後，様々な議論が展開され，2013（平成25）年6月19日，精神科医療の提供の確保に関する指針の策定，保護者制度

の廃止，医療保護入院の見直しを盛り込んだ「精神保健及び精神障害者福祉に関する法律」の改正法が公布され，2014（平成26）年4月1日に施行されている。

（2）法律の目的および精神障害者の定義

精神保健福祉法は，精神障害者の医療と保護，障害者総合支援法と相まって精神障害者の社会復帰の促進と社会経済活動への援助，発生の予防と国民の精神的健康の保持・増進，福祉の増進と国民の精神保健の向上，といった目的をもっている。2005（平成17）年の障害者自立支援法の成立に伴って第1条に「障害者自立（現総合）支援法と相まって」という文言が加えられ現行法に至っている。

精神保健福祉法における精神障害者は「統合失調症，精神作用物質による急性中毒又はその依存症，知的障害，精神病質その他の精神疾患を有する者」（第5条）としている。このうち「知的障害」は主に保健医療の対象としての規定であり，福祉制度に関係の深い精神障害者保健福祉手帳制度の対象からは除いている。知的障害者の福祉サービスに関しては知的障害者福祉法がその中心的な役割を担っている。

（3）実施機関

1）市町村

市町村は障害者総合支援法により，精神障害者に対して，次の5点の業務を実施している。

①障害支援区分の認定調査，②市町村審査会の設置，③介護給付，訓練等給付等の支給決定，④自立支援医療費（通院医療費公費負担制度の改正）の支給，⑤地域生活支援事業（相談支援，地域活動支援，福祉ホームなど）の整備。

ただし，これまで，精神障害者の保健福祉サービスの相談，助言，サービスの支給決定は，都道府県を中心になされてきており，現状では専門的な人材や

技術の少ない市町村が大半である。そのため，都道府県における精神保健福祉行政と精神保健福祉関連の社会資源（専門医療機関，精神障害者にかかわる障害者支援施設など）との連携が市町村の精神保健福祉にとって重要である。

政令指定都市は，1996（平成8）年度の大都市の特例の施行により，都道府県と同じ精神保健福祉業務を行うことができるようになった。1999（平成11）年の精神保健福祉法の一部改正により，精神保健福祉センターの設置が義務づけられたことにより，専門相談，精神医療審査会の実務，精神障害者通院医療費公費負担制度（現自立支援医療）の審査，精神障害者保健福祉手帳の判定，などの精神保健福祉センターの業務をすべて実施することが可能になった。

2）精神保健福祉センターと精神医療審査会

精神保健福祉センターは，精神障害者の福祉の増進のために中核的な役割を担う機能をもったセンターである。都道府県および政令指定都市において設置することが定められている。

精神保健福祉センターの業務は，以下の6点である。

① 精神保健および精神障害者の福祉に関する知識の普及および調査研究，② 精神保健および精神障害者の福祉に関する相談および指導のうち複雑または困難なものに対応する，③ 精神医療審査会の事務，④ 精神障害者保健福祉手帳の申請に対する決定および障害者総合支援法の支給認定に関する事務において専門的な知識および技術を要するもの，⑤ 市町村の障害者総合支援法における支給要否決走の際に意見を述べること，⑥ 市町村の求めに応じて市町村に対して技術協力その他必要な援助の実施。

精神医療審査会は，措置入院および医療保護入院者の定期病状報告書の審査，入院者およびその保護者からの退院請求および処遇改善請求に関しての審査を行い，都道府県に設置が義務づけられている。

（4）入院制度

精神保健福祉法には，任意入院，措置入院，医療保護入院，応急入院，の4種類の入院が規定されている。

任意入院は精神障害者本人の同意に基づいた入院であり，優先的に考えなくてはならない入院である。医療機関の管理者は本人に対して，いつでも退院請求ができることを書面で告知しなければならない。

措置入院は，精神疾患のために，自傷他害の恐れがある精神障害者に対して都道府県知事の権限において行われる強制的な入院制度である。精神障害者が措置入院を要する症状の判断については，都道府県知事の依頼により，2名以上の精神保健指定医による診療を行い，2名の必要性の判断が一致したときに行われる。措置入院にあたり，都道府県知事はその内容を書面で告知し，退院請求などの入院中の権利に関しても告知する。措置入院に必要な移送は都道府県知事に義務づけられている。

医療保護入院は，精神保健指定医の診察の結果，精神障害者であり，医療および保護のために入院が必要であり，任意入院の状態にない場合，家族等の同意があれば，精神障害者本人の同意がなくても入院させることができる制度である。

応急入院は，緊急で，保護者や本人の同意を得ることが困難である場合に，精神保健指定医の診察により，72時間に限り応急入院指定病院に入院させることができる制度である。応急入院をさせた場合，当該の病院の管理者は直ちに都道府県知事に届け出なければならない。

（5）福祉制度

精神障害者にかかわる福祉制度のかなりの部分は，障害者総合支援法に移行しているため，ここでは，精神障害者保健福祉手帳制度と相談指導を中心にふれる。

1） 精神障害者保健福祉手帳

　精神障害者は都道府県知事に精神障害者保健福祉手帳（以下，手帳）の交付の申請ができ，都道府県知事が申請者の状態が政令で定めた精神障害の状態にあると認めたときは手帳を交付しなければならない。手帳の更新は2年ごとに行われる。手帳は，各種の精神保健福祉サービスを受ける場合の参考資料となる利点がある。特に，所得税，住民税の障害者控除，生活保護における障害者加算と障害の程度の判定，公共施設の入場料や公共交通機関の運賃割引などの実施の推進効果，といった利点は重要である。

　手帳における障害者等級は障害の程度に応じて重度者から1級，2級，3級と定められている。その内容を以下に示す。

　1級：日常生活の用を弁ずることを不能ならしめる程度のもの

　2級：日常生活が著しい制限を受けるか，又は日常生活に著しい制限を加えることを必要とする程度のもの

　3級：日常生活若しくは社会生活が制限を受けるか，又は日常生活若しくは社会生活に制限を加えることを必要とする程度のもの

2） 相談指導

　精神保健福祉法における相談指導の機関は，都道府県，市町村，精神保健福祉センター，保健所があげられる。障害者自立支援法（現障害者総合支援法）の施行以降は，市町村の役割の重要性が高まっている。精神保健福祉法で定められていた「居宅生活支援事業」「精神障害者社会復帰施設」は障害者自立支援法によって「障害福祉サービス事業」となり，市町村によりその利用や調整の業務を行うこととなった。同様に，「精神障害者地域生活支援センター」は「相談支援事業者」となり，市町村によりその利用や調整を行うことになった。ただし，市町村の専門相談機能には限界があるので，都道府県，精神保健福祉センター，保健所などの専門的な相談指導との連携が不可欠である。

5．発達障害者支援法[5]

　発達障害はもともと知的障害でも精神障害でもない，制度の狭間の存在ともいえる障害であった。2005（平成17）年に「発達障害者支援法」が施行され，自閉症，アスペルガー症候群その他の広汎性発達障害，学習障害，注意欠陥多動性障害など発達障害という概念とともに，発達障害をもつ者に対する援助等について規定されている法律である。

（1）経　　緯

　同法が成立以前の課題として，発達障害に対して，① 人口に占める割合は高いにもかかわらず，法制度もなく，制度の谷間になっており，従来の施策では十分な対応がなされていない，② 発達障害に関する専門家は少なく，地域における関係者の連携も不十分で支援体制が整っていない，③ 家族は，地域での支援がなく大きな不安を抱えている等の現状があったため，従来からの障害者関連法では対応が難しかった。そこで，発達障害の定義を法的に明確にし，発達障害がある人に対して各ライフステージに対応する，保健，医療，福祉，教育，雇用等の分野を超えた一貫した一体的な支援を行う体制を整備するため，「発達障害者支援法」が2004（平成16）年12月に成立し，2005年4月から施行された。これにより，発達障害者に対する支援は着実に進展し，発達障害に対する国民の理解も広がった。法の施行から10年が経過し，乳幼児期から高齢期までの切れ目のない支援など，時代の変化に対応したよりきめ細かな支援が求められていることから，2016（平成28）年5月に改正法が成立し，8月より施行された。改正の要点は，以下のとおりである。

　　① 「発達障害者」の定義を，発達障害がある者であって発達障害及び社会的
　　　　障壁により日常生活又は社会生活に制限を受けるものとし，発達障害者の
　　　　支援は，社会的障壁の除去に資することを旨として行わなければならない

こととした。

② 　発達障害者の支援は，個々の発達障害者の性別，年齢，障害の状態及び生活の実態に応じて，かつ，医療，保健，福祉，教育，労働等に関する業務を行う関係機関及び民間団体相互の緊密な連携の下に，その意思決定の支援に配慮しつつ，切れ目なく行われなければならないこととした。

③ 　発達障害児が，その年齢及び能力に応じ，かつ，その特性を踏まえた十分な教育を受けられるようにするため，可能な限り発達障害児が発達障害児でない児童と共に教育を受けられるよう配慮することを規定するとともに，支援体制の整備として，個別の教育支援計画の作成（教育に関する業務を行う関係機関と医療，保健，福祉，労働等に関する業務を行う関係機関および民間団体との連携の下に行う個別の長期的な支援に関する計画の作成をいう）及び個別の指導に関する計画の作成，いじめの防止等のための対策の推進が規定された。

④ 　国及び地方公共団体は，個人情報の保護に十分配慮しつつ，福祉及び教育に関する業務を行う関係機関及び民間団体が医療，保健，労働等に関する業務を行う関係機関及び民間団体と連携を図りつつ行う発達障害者の支援に資する情報の共有を促進するため必要な措置を講じるものとした。

⑤ 　国及び地方公共団体は，発達障害者が，刑事事件もしくは少年の保護事件に関する手続きその他これに準ずる手続きの対象となった場合又は裁判所における民事事件，家事事件もしくは行政事件に関する手続きの当事者その他の関係人となった場合において，発達障害者がその権利を円滑に行使できるようにするため，個々の発達障害者の特性に応じた意思疎通の手段の確保のための配慮その他の適切な配慮をするものとした。

⑥ 　都道府県は，発達障害者の支援の体制の整備を図るため，発達障害者及びその家族，学識経験者その他の関係者ならびに医療，保健，福祉，教育，労働等に関する業務を行う関係機関及び民間団体ならびにこれに従事する者により構成される発達障害者支援地域協議会を置くことができるものとした。

（2）目　的

　この法律のねらいは，① 発達障害の定義と法的な位置づけの確立，② 乳幼児期から成人期までの地域における一貫した支援の促進，③ 専門家の確保と関係者の緊密な連携の確保，④ 子育てに対する国民の不安の軽減である。

　第1条において，「発達障害者の心理機能の適正な発達及び円滑な社会生活の促進のために発達障害の症状の発現後できるだけ早期に発達支援を行うとともに，切れ目なく発達障害者の支援を行うことが特に重要であることに鑑み，障害者基本法（昭和45年法律第84号）の基本的な理念にのっとり，発達障害者が基本的人権を享有する個人としての尊厳にふさわしい日常生活又は社会生活を営むことができるよう，発達障害を早期に発見し，発達支援を行うことに関する国及び地方公共団体の責務を明らかにするとともに，学校教育における発達障害者への支援，発達障害者の就労の支援，発達障害者支援センターの指定等について定めることにより，発達障害者の自立及び社会参加のためのその生活全般にわたる支援を図り，もって全ての国民が，障害の有無によって分け隔てられることなく，相互に人格と個性を尊重し合いながら共生する社会の実現に資することを目的とする」としている。

（3）発達障害とは

　発達障害者支援法における「発達障害」とは，「自閉症，アスペルガー症候群その他の広汎性発達障害，学習障害，注意欠陥多動性障害その他これに類する脳機能の障害であってその症状が通常低年齢において発現するものとして政令で定めるもの」（第2条第1項）とされている。対象となる障害は，脳機能の障害であってその症状が通常低年齢において発現するもののうち，ICD-10（国際疾病分類第10版）における「心理的発達の障害（F80－F89）」および「小児〈児童〉期及び青年期に通常発症する行動及び情緒の障害（F90－F98）」に含まれる障害の範囲である。

62

（4）ライフステージを通した支援

　発達障害者支援法第3条第2項において，「国及び地方公共団体は，基本理念にのっとり，発達障害児に対し，発達障害の症状の発現後できるだけ早期に，その者の状況に応じて適切に，就学前の発達支援，学校における発達支援その他の発達支援が行われるとともに，発達障害者に対する就労，地域における生活等に関する支援及び発達障害者の家族その他の関係者に対する支援が行われるよう，必要な措置を講じる」とされ，発達障害者のそれぞれのライフステージにおける一貫した支援の必要性が明確にされるとともに，これにかかる国や地方公共団体の責務が明らかにされた。

（5）関係機関の連携

　同じく第3条第5項では「国及び地方公共団体は，発達障害者の支援等の施策を講じるに当たっては，医療，保健，福祉，教育，労働等に関する業務を担当する部局の相互の緊密な連携を確保するとともに，発達障害者が被害を受けること等を防止するため，これらの部局と消費生活，警察等に関する業務を担当する部局その他の関係機関との必要な協力体制の整備を行うものとする」とされ，多岐にわたる各関係機関の連携やネットワークの構築により，発達障害者の方がたを地域で支援する体制をつくることが規定されている。

（6）発達障害者支援センター

　発達障害者および家族に対し，専門的にその相談に応じまたは助言を行い，発達支援および就労の支援等を実施するために，2002（平成14）年度よりスタートした「自閉症・発達障害支援センター」は，発達障害者支援法のなかで「発達障害者支援センター」として位置づけられた。
　発達障害者支援センターは，相談支援，発達支援，就労支援を行う職員を配置し，以下に示す役割を担っている。
　①　発達障害の早期発見，早期の発達支援等に資するよう，発達障害者及び

家族等に対し，専門的にその相談に応じ，又は情報の提供や助言を行うこと。

② 　発達障害者に対し，専門的な発達支援及び就労の支援を行うこと。

③ 　医療，保健，福祉，教育，労働等に関する業務を行う関係機関及び民間団体並びにこれに従事する者に対し発達障害についての情報提供及び研修を行うこと。

④ 　発達障害に関して，関係機関及び民間団体との連絡調整を行うこと。

⑤ 　前各号に掲げる業務に附帯する業務。

（7）事業・サービスの推進

　発達障害者支援法の成立および施行を受け，発達障害者の地域で一貫した支援体制をつくるための「発達障害者支援体制整備事業」や，発達障害者に対するエビデンスに基づいた支援を確立するための「発達障害者支援開発事業」等が実施されている。

　また，発達障害については，2010（平成22）年に改正された障害者自立支援法（現障害者総合支援法）および2011（平成23）年に改正された障害者基本法で精神障害の一部として規定された。これにより，発達障害者は障害者総合支援法によるサービス提供の対象となっている。

　2016（平成28）年法改正による発達障害者支援のための施策は，以下のとおりである。

① 　発達障害の疑いがある場合の支援（第5条）として，発達障害の疑いのある児童の保護者への継続的な相談，情報提供及び助言を行う。

② 　教育（第8条）として，発達障害児が発達障害児でない児童と共に教育を受けられるよう配慮する。個別の教育支援計画・個別の指導計画の作成の推進，いじめの防止等の対策の推進を図る。

③ 　情報の共有の促進（第9条の2）として，個人情報の保護に十分配慮しつつ，支援に資する情報共有の促進のため必要な措置を講じる。

④ 　就労の支援（第10条）として，主体に国を規定し，就労定着の支援を規

定する。事業主は雇用の機会の確保，雇用の安定に努める。

⑤　権利利益の擁護（第12条）として，差別の解消，いじめの防止等及び虐待の防止等のための対策を推進し，成年後見制度が適切に行われ，又は広く利用されるようにすること。

⑥　司法手続における配慮（第12条の２）として，司法手続において個々の発達障害者の特性に応じた意思疎通の手段を確保するなど，適切な配慮を行う。

⑦　発達障害者の支援体制の課題を共有し，連携の緊密化を図り支援体制整備を協議するため，発達障害者支援地域協議会（第19条の２）を都道府県・指定都市に設置する。

注)

1）昭和四十五年法律第八十四号　障害者基本法
https://elaws.e-gov.go.jp/document?lawid=345AC1000000084　総務省 e-Gov「法令用語検索」（2021年３月30日閲覧）
2）昭和二十四年法律第二百八十三号　身体障害者福祉法
https://elaws.e-gov.go.jp/document?lawid=324AC1000000283　総務省 e-Gov「法令用語検索」（2021年３月30日閲覧）
3）昭和三十五年法律第三十七号　知的障害者福祉法
https://elaws.e-gov.go.jp/document?lawid=335AC0000000037_20200401_430AC0000000044　総務省 e-Gov「法令用語検索」（2021年３月30日閲覧）
4）昭和二十五年法律第百二十三号　精神保健及び精神障害者福祉に関する法律
https://elaws.e-gov.go.jp/document?lawid=325AC1000000123　総務省 e-Gov「法令用語検索」（2021年３月30日閲覧）
5）発達障害者支援法（平成十六年十二月十日法律第百六十七号）
https://www.mext.go.jp/a_menu/shotou/tokubetu/main/1376867.htm　文部科学省（2021年３月30日閲覧）

参考文献
三浦文夫『社会福祉政策研究—福祉政策と福祉改革（増補改訂）』全国社会福祉協議会，1995年
厚生労働統計協会編『国民の福祉と介護の動向　2020/2021』厚生労働統計協会，2020年
内閣府編『令和２年版　障害者白書』2020年

社会福祉士養成講座編集委員会編『新・社会福祉士養成講座14　障害者に対する支援と障害者自立支援制度（第 6 版）』中央法規，2019年
精神保健福祉研究会監修『我が国の精神保健福祉（平成22年度版）』
小澤温編『よくわかる障害者福祉（第 7 版）』ミネルヴァ書房，2020年
佐藤久夫・小澤温『障害者福祉の世界（第 4 版）』有斐閣，2010年
ドナ・ウィリアムズ著，川手鷹彦訳『自閉症という体験一失われた感覚を持つ人びと』誠信書房，2009年
成清美治ほか編『現代社会福祉用語の基礎知識（第13版）』学文社，2019年

読者のための参考図書

内閣府編『令和 2 年版　障害者白書』2020年
　　わが国の障害者福祉の動向を知るために必要な一冊である。
精神保健福祉研究会監修『我が国の精神保健福祉（平成22年度版）』太陽美術，2010年
　　わが国の精神保健福祉の動向を知るために必要な一冊である。
ドナ・ウィリアムズ著，川手鷹彦訳『自閉症という体験一失われた感覚を持つ人びと』誠信書房，2009年
　　自閉症者の内的世界を理解するための書籍の一冊。発達障害のなかの自閉症の理解，さらに差別や偏見といったことを考える上での好著である。
三浦文夫『社会福祉政策研究一福祉政策と福祉改革（増補改訂）』全国社会福祉協議会，1995年
　　戦後，わが国の社会福祉政策を学習する上で必読書である。

─**演習問題**─

① あなたが住む自治体の障害者に対する取り組みについて調べてみよう。
② 自閉症，アスペルガー症候群，学習障害，注意欠陥・多動性障害の特徴について調べてみよう

◇◇◇◇◇◇◇◇◇◇◇◇◇◇◇◇◇◇ ✶**考えてみよう** ◇◇◇◇◇◇◇◇◇◇◇◇◇◇◇◇◇

❶ 障害者差別の例をあげ，どのようにすれば差別をなくすことができるか話し合ってみよう。
❷ 障害者の「自立」とは何か考えてみよう。

◇◇

第3章　障害者自立支援制度

　わが国の障害者福祉制度は，第二次世界大戦後からしばらくの間は，リハビリ
テーションが重視され，その結果，中軽度の身体障害者施策が優先され，重度の
身体障害者や知的障害者のための施策については遅れることとなった。精神障害
者に関しては保健医療面での施策が中心であり，精神障害者が福祉施策の対象と
されるようになったのは1993年からである。

　1981年の国際障害者年を契機に，ノーマライゼーション理念が普及した。その
過程でリハビリテーションによるADL（日常生活動作）の獲得だけでなく，ノー
マライゼーションによるQOL（生活の質）の保障が重要であることが認識される
ようになり，障害者福祉の新たな制度として障害者自立支援制度が制度化された。

　障害者自立支援制度では，さまざまな福祉サービスを，障害や難病のある人個々
のニーズに応じて組み合わせ，利用できる仕組みを定めている。具体的には，障
害や難病のある人に対して80項目に及ぶきめ細かな調査を行い，その人に必要な
サービスの度合いである「障害支援区分」を認定し，障害支援区分に応じたサー
ビスを利用できるようになっている。

**⚷ キーワード　ノーマライゼーション，障害福祉サービス，定率負担，自立
支援給付，地域生活支援事業，障害支援区分**

1．障害者の日常生活及び社会生活を総合的に支援するための法律（障害者総合支援法）

　障害者総合支援法は，2011（平成23）年8月に公布された改正障害者基本法
の趣旨をふまえ，すべての国民が，障害の有無によって分け隔てられることな
く，相互に人格と個性を尊重し合いながら共生する社会を実現するための支援
に係る基本理念を定めるほか，障害者および障害児の定義の見直し，地域生活
支援事業の拡充・障害福祉計画の記載事項として関係機関との連携に関する事
項の追加等の措置を講ずること等を内容とする「地域社会における共生の実現

に向けて新たな障害保健福祉施策を講ずるための関係法律の整備に関する法律」
が成立し，2013（平成25）年4月1日からは，「障害者自立支援法」が「障害者
の日常生活及び社会生活を総合的に支援するための法律」（障害者総合支援法）と
なった。

2. 経　過

　社会福祉基礎構造改革をうけ，障害者福祉においても，身体障害児（者）及
び知的障害児（者）に対する福祉サービスに関して，2003（平成15）年4月よ
り支援費制度が導入された。ただし，精神障害者に対する福祉サービスは支援
費制度の対象とはされなかった。

　支援費制度では，利用する障害福祉サービスを障害のある人自身が自らの選
択により決定することとなり，それまでの措置制度から大きく変更された。一
方で，障害福祉サービスの利用に要した費用の負担方式については，措置制度
と同様，応能負担の方式が用いられていた。結果として，障害福祉サービスを
自由に選択できるようになったことで，ホームヘルプサービスを中心とする居
宅サービスの利用が急増することとなった。

　この居宅サービス利用の急増に伴い，財源問題が表面化してくる。居宅サー
ビスに関する費用についてはその2分の1を国が補助することとなっていた
が，義務として負担する施設関連サービスとは異なり，法律上の義務規定はな
かった。そのため，予算の不足により，サービス利用が制限されかねない状況
が生み出されることになった。この結果，一部の自治体等では障害福祉サービ
ス提供体制が向上したものの，同時に，障害福祉サービス提供体制の自治体間
格差が生じることとなった。

　これらの課題を解消するため，2004（平成16）年10月に障害保健福祉施策の
改革をめざす「改革のグランドデザイン（案）」が公表され，このグランドデザ
イン（案）を具体化するために2005（平成17）年10月末，障害者自立支援法が

成立し，2005（平成17）年11月に「障害者自立支援法」が公布された。2006（平成18）年 4 月に一部施行され，同年10月全面施行された。新しい法律では，これまで障害種（身体障害，知的障害，精神障害）別ごとに異なっていたサービス体系を一元化するとともに，これまでのサービス体系は再編され，障害の状態を示す全国共通基準として「障害支援区分」（現在は「障害支援区分」）が導入され，支給決定のプロセスの明確化・透明化が図られた。また，安定的な財源確保のために，国が費用の 2 分の 1 を義務的に負担する仕組みや，サービス量に応じた定率の利用者負担（応益負担）が導入された。同制度については施行後も検討が行われ，とくに利用者負担については，軽減策が講じられている。

　2010（平成22）年の法律改正では，利用者負担が抜本的に見直され，これまでの利用量に応じた 1 割を上限とした定率負担から，負担能力に応じたもの（応能負担）になり，2012（平成24）年 4 月から実施された。また，障害者の地域生活と就労を進め，これまで障害種別ごとに異なる法律に基づいて自立支援の観点から提供されてきた福祉サービス等について，共通の制度のもとで一元的に提供し，地域生活や就労支援が推進された障害者自立支援法は，施行時から利用者負担，施設・事業者への報酬，障害程度区分の課題等が指摘されていた。そのため政府は，2006（平成18）年12月に「法の円滑な運営のための特別対策」として，①利用者負担の更なる軽減，②事業者に対する激変緩和措置，③新法移行のための経過措置を決定した。さらに2007（平成19）年12月に，障害者自立支援法の抜本的な見直しに向けた緊急措置として，①利用者負担の見直し，②事業者の経営基盤の強化，③グループホーム等の整備促進の対策を打ち出した。同法は，その附則に法施行後 3 年の見直しが規定されていたため，社会保障審議会障害者部会が2008（平成20）年 4 月から開催され，同年12月には「障害者自立支援法施行後 3 年の見直しについて」の報告書が提出された。政府は審議会等の検討をふまえ，2009（平成21）年 3 月31日に，「障害者自立支援法等の一部を改正する法律案」を第171回国会に提出したが，衆議院の解散により同年 7 月同法律案は廃案となった。

　2009（平成21）年9月，政権交代により障害者自立支援法は廃止し，制度の谷間がなく，利用者の応能負担を基本とする総合的な制度である障害者総合福祉法（仮称）を制定することが合意された。同年12月には，障害者の権利に関する条約（仮称）の締結に必要な国内法の整備をはじめとするわが国の障害者にかかる制度の集中的な改革を行い，障害者施策の総合的かつ効果的な推進を図るため，障がい者制度改革推進本部の設置が閣議決定された。障がい者制度改革推進本部は，当面5年間を障害者の制度にかかる改革の集中期間と位置づけ，改革の推進に関する総合調整，改革推進の基本的な方針案の作成および推進，法令等における障害の表記のあり方に関する検討等を行うことを目的とした。

　2010（平成22）年1月，推進本部のもとに，障害者，障害者の福祉に関する事業に従事する者，学識経験者等から成る障がい者制度改革推進会議が開催された。同年4月には，障がい者制度改革推進会議総合福祉部会が開催され新しい制度への具体的な検討に入った。この間，2010（平成22）年12月，障害者自立支援法の一部改正法案である「障がい者制度改革推進本部等における検討を踏まえて障害保健福祉施策を見直すまでの間において障害者等の地域生活を支援するための関係法律」の整備に，2011（平成23）年8月には障害者総合福祉法（仮称）の骨格に関する総合福祉部会の提言が出された。これを受けて，2012（平成24）年3月に「地域社会における共生の実現に向けて新たな障害保健福祉施策を講ずるための関係法律の整備に関する法律案」が閣議決定され，同年4月に衆議院にて修正・可決，同年6月に参議院にて可決・成立，同月27日に公布され，2013（平成25）年4月1日から「障害者総合支援法」が施行された。

3．障害者総合支援法の概要

　障害者総合支援法は，総則，自立支援給付，地域生活支援事業，事業及び施設，障害福祉計画，費用，国民健康保険団体連合会の障害者総合支援法関係業務，審査請求，雑則，罰則の10章ならびに附則から構成され，障害者基本法の

基本的理念にのっとり，身体障害者福祉法，知的障害者福祉法，精神保健及び精神障害者福祉に関する法律，児童福祉法その他障害者および障害児の福祉に関する法律と相まって，障害者および障害児が基本的人権を享有する個人としての尊厳にふさわしい日常生活または社会生活を営むことができるよう，必要な障害福祉サービスに係る給付，地域生活支援事業その他の支援を総合的に行い，もって障害者および障害児の福祉の増進を図るとともに，障害の有無にかかわらず国民が相互に人格と個性を尊重し安心して暮らすことのできる地域社会の実現に寄与することを目的としている。

　これまで障害福祉サービスの実施主体が，都道府県と市町村に分立していたものを，住民に最も身近な市町村を基本とする仕組みに一元化し，国と都道府県はそれを支援することとしている。

4．対　　象

　対象となる「障害者」の定義については，第 4 条第 1 項に「身体障害者福祉法第 4 条に規定する身体障害者，知的障害者福祉法にいう知的障害者のうち18歳以上である者及び精神保健及び精神障害者福祉に関する法律第 5 条に規定する精神障害者（発達障害者支援法第 2 条第 2 項に規定する発達障害者を含み，知的障害者福祉法にいう知的障害者を除く。）のうち18歳以上である者並びに治療方法が確立していない疾病その他の特殊の疾病であって政令で定めるものによる障害の程度が厚生労働大臣が定める程度である者であって18歳以上であるものをいう」と規定されている。いわゆる難病等の患者を新たに障害者とみなし，対象の拡大が図られた。「障害児」については，同条第 2 項に「児童福祉法第 4 条第 2 項に規定する障害児をいう」と規定されている。

5. 障害者総合支援法におけるサービス体系

　障害の状態やニーズに応じた適切な支援が効果的かつ効率的に行われるよう，障害福祉サービスの体系を「施設」という単位ではなく，介護的サービスと就労支援等の訓練系サービスといった「機能」の単位に再編した。サービスは，個々の障害のある人びとの障害支援区分や勘案すべき事項（社会活動や介護者，居住等の状況）をふまえ，個別に支給決定が行われる障害福祉サービスと，市町村の創意工夫による，利用者の状況に応じて柔軟に実施する地域生活支援事業に大別された（図表3－1）。

　障害福祉サービスは，介護の支援を受ける場合の介護給付費と訓練等の支援

図表3－1　障害者総合支援法おけるサービス体系

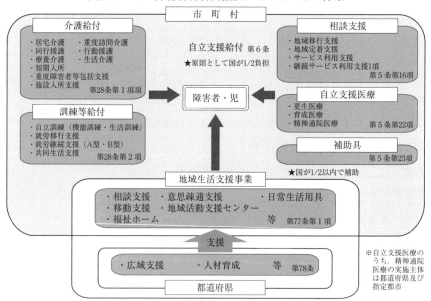

出所）厚生労働省
　　　https://www8.cao.go.jp/shougai/whitepaper/h26hakusho/zenbun/h1_06_01_01.html（2021年
　　　3月30日閲覧）

を受ける場合の訓練等給付費に分けられる。介護給付費には，居宅介護，重度訪問介護，同行援護，行動援護，療養介護（医療に係るものを除く），生活介護，短期入所，重度障害者等包括支援，施設入所支援があり，訓練等給付費には，自立訓練，就労移行支援，就労継続支援，就労定着支援，自立生活援助，共同生活援助がある。これらは国と地方公共団体が義務的に費用を負担する自立支援給付で，障害の種別にかかわらず全国一律の共通した枠組みによりサービスが提供される。さらに，自立支援医療，補装具，相談支援（地域相談支援，計画相談支援）がサービス体系に含まれる。

（1）介護給付（特例介護給付を含む）

　介護給付は，居宅介護，重度訪問介護，同行援護，行動援護，療養介護（医療にかかるものを除く），生活介護，短期入所，重度障害者等包括支援，施設入所支援を受けたときに支給される（図表3－2）。

　特例介護給付は，申請から支給決定の効力が生じるまでの間に，緊急その他やむを得ない理由でサービスを受けたとき，あるいは基準該当事業所・基準該当施設からサービスを受けたときに支給される。

　基準該当事業所・基準該当施設とは，通常，都道府県知事の指定を受けて障害福祉サービスを提供することになるが，人口が少ない地域等で人員配置基準や設備および運営基準の指定要件のすべてを満たすことのできない事業所・施設である。

（2）訓練等給付（特例訓練等給付を含む）

　訓練等給付は，自立訓練（機能訓練・生活訓練），就労移行支援，就労継続支援，就労定着支援，自立生活援助，共同生活援助を受けたときに支給される（図表3－3）。

　特例訓練等給付は，申請から支給決定の効力が生じるまでの間に，緊急その他やむを得ない理由でサービスを受けたとき，あるいは基準該当事業所・基準

図表3－2　介護給付による障害福祉サービス

サービス類型	内　　容	対象（障害支援区分注）
居宅介護	自宅において入浴，排せつ，食事の介護等を行う。	障害者（児）（区分1以上）
重度訪問介護	自宅において入浴，排せつ，食事の介護の他，外出の際の移動中の介護等を総合的に行う。	重度の肢体不自由または重度の知的障害・精神障害があり，常時介護を要する障害者（区分4以上） 日常的にこのサービスを利用している最重度の障害者が医療機関に入院した場合，区分6であれば利用可能
同行援護	外出時に同行し，移動に必要な情報の提供（代筆・代読も含む），移動の援護等の支援を行う。	視覚障害により，移動に著しい困難を有する障害者（児）（なし／身体介護を伴う場合は2以上／障害児の場合はこれに相当する心身の状況）
行動援護	行動する際に生じる危険を回避するために必要な援護，外出時の移動中の支援を行う。	知的障害又は精神障害により，行動上著しい困難を有する障害者（児）（区分3以上）
療養介護	主として日中，病院等で機能訓練，療養上の管理，看護，医学的管理の下での介護や日常生活上の支援を行う。	医療を要し，常時介護を要する障害者（筋ジストロフィーまたは重度の心身の障害のある者で区分5以上，筋萎縮性側索硬化症（ALS）等で気管切開を伴う人工呼吸器による呼吸管理を行っている者で区分6）
生活介護	主として日中，障害者支援施設等で，入浴，排せつ，食事の介護等，創作的活動や生産活動の機会の提供等の支援を行う。	地域や入所施設等において安定した生活を営むため，常時介護を要する障害者（区分3以上／50歳以上は区分2以上）
短期入所	介護者が病気の場合等，短期間，夜間も含めて障害者支援施設等で，入浴，排せつ，食事の介護等 の支援を行う。	障害者（児）（区分1以上）
重度障害者等包括支援	居宅介護をはじめとする複数の障害福祉サービスの提供を包括的に行う。	常時介護を要し，その介護の必要の程度が著しく高い障害者（児）（区分6）
施設入所支援	（障害者支援施設に入所する人に）夜間や休日等，入浴，排せつ，食事の介護等の支援を行う。	障害者（区分4以上／50歳以上は区分3以上）

注：障害支援区分以外にも，一定の条件を必要とするサービスあり。

図表3－3　訓練等給付による障害福祉サービス

サービス類型	内　容	対　象
自立訓練 （機能訓練）	障害者支援施設や自宅等において，一定期間，身体的リハビリテーション，生活に関する相談・助言等，必要な支援を行う。	地域生活を営むうえで，身体機能等の維持・向上等のため，一定の支援が必要な身体障害者（病院等を退院／特別支援学校を卒業した者）
自立訓練 （生活訓練）	障害者支援施設や自宅等において，一定期間，自立した日常生活に必要な訓練，生活等に関する相談・助言等，必要な支援を行う。	地域生活を営むうえで，生活能力の維持・向上等のため，一定の支援が必要な知的障害者・精神障害者（病院等を退院／特別支援学校を卒業した者）
就労移行支援	一般就労への移行に向けて，事業所内や企業での職場実習等を通じて，適性にあった職場探し，就労後の職場定着などを目的とした支援を一定期間（原則24か月以内）行う。	一般就労を希望し，一般の事業所に雇用されることが可能と見込まれる障害者（65歳未満）
就労継続支援 （A型）	雇用契約に基づく就労機会の提供とともに，一般就労に必要な知識・能力が高まった人にはその移行に向けた支援を行う。	就労移行支援事業を利用したが，一般企業などの雇用に結びつかなかった障害者等（利用開始時65歳未満／利用期間の制限なし）
就労継続支援 （B型）	雇用契約は結ばない形で就労や生産活動の機会を提供する（個々のペースで働ける場・居場所を提供する）。また，就労意欲などが高まった人には一般就労に向けた支援を行う。	一般企業や就労継続支援事業（A型）での就労経験があり，年齢や体力面で雇用が困難になった障害者，就労移行支援事業を利用したが，一般企業や就労継続支援事業（A型）の雇用に結びつかなかった障害者等（利用期間の制限なし）
就労定着支援	就労に伴う生活面での課題に対応するため，事業所や家族との連絡調整等の支援を一定期間行う。	就労移行支援等の利用を経て一般就労へ移行し，就労に伴う環境変化によって生活面の課題が生じている障害者
自立生活援助	本人の意思を尊重した地域生活を支援するため，一定期間にわたり，定期的な巡回訪問や随時の対応を行う。	障害者支援施設やグループホーム等を利用しており，一人暮らしを希望する知的障害者・精神障害者等
共同生活援助 （グループホーム）	夜間や休日等，共同生活を営むべき住居において，相談その他の日常生活上の支援（援助）を行う。 介護サービスの提供について，グループホーム事業者自らが行う「介護サービス包括型」と，外部の指定居宅介護事業所に委託する「外部サービス利用型」に分かれている。	地域で共同生活を営むのに支障のない障害者

該当施設からサービスを受けたときに支給される。基準該当事業所・基準該当施設とは，通常，都道府県知事の指定を受けて障害福祉サービスを提供することになるが，人口が少ない地域等で人員配置基準や設備および運営基準の指定要件のすべてを満たすことのできない事業所・施設である。

　訓練等給付の対象となる障害福祉サービスは，基本的に障害支援区分の認定を必要としないので，区分による利用制限はない。ただし，2014（平成26）年4月から共同生活介護と統合された共同生活援助においては，区分により報酬が異なる。

（3）自立支援医療

　自立支援医療は，医療費の自己負担額を軽減する公費負担医療制度で，障害児（者）の心身の障害の状態を軽減し，自立した日常生活または社会生活を営むために必要な医療（自立支援医療）を，指定自立支援医療機関から受けたときに，自立支援医療費が支給される。これまでの身体障害者福祉法に基づく更生医療，児童福祉法に基づく育成医療，精神保健福祉法に基づく精神通院医療が統合・再編されている。ただし，一定の所得以上の世帯に属する者に対しては（世帯の範囲は障害福祉サービス費算定の際の世帯とは異なる），自立支援医療費は支給されない。

　更生医療の対象は，身体障害者福祉法に基づき身体障害者手帳の交付を受けた者で，その障害を除去・軽減する手術等の治療により確実に効果が期待できる者（18歳以上）である。育成医療の対象は，身体に障害を有する児童で，その障害を除去・軽減する手術等の治療により確実に効果が期待できる者（18歳未満）である。精神通院医療の対象者は，統合失調症，精神作用物質による急性中毒などの精神疾患を有する者で，通院による精神医療を継続的に要する者である。

（4）補 装 具

　補装具は，補装具を必要とする障害者，障害児，難病患者等に支給される。なお，身体の成長に伴い，短期間で補装具等の交換が必要と認められる場合等には，借受けも可能となった。

　補装具の購入，借受けまたは修理を希望する障害者または障害児の保護者が市町村へ補装具の支給の申請を行う。市町村が必要であると認めたときに，購入，借受けまたは修理に要した費用について補装具費が支給される。なお，利用者負担について，障害者自立支援法施行当初は，原則として応益負担（定率負担／所得に応じた一定の負担上限額あり）であったが，2010（平成22）年の同法の一部改正により，応能負担が原則となった。これにより同一の月に購入・修理した補装具について，厚生労働大臣が定める基準によって算定した費用の額を合計した額から，利用者の家計の負担能力や障害の状態等をしん酌して政令で定める額を控除した額を市町村が支給することとなった（2012（平成24）年4月施行）。

1）補装具の種目

　障害者総合支援法において，補装具は，以下の3つの要件をすべて満たすものであると定義されている。

　①　障害児（者）の身体機能を補完し，または代替し，かつ，その身体への適合を図るように製作されたものであること，

　②　障害児（者）の身体に装着することにより，その日常生活においてまたは就労もしくは就学のために，同一の製品につき長期間にわたり継続して使用されるものであること，

　③　医師等による専門的な知識に基づく意見または診断に基づき使用されることが必要とされるものであること，

　補装具の種目については，厚生労働大臣が定めるものとされ，図表3－4に示すとおりである。

図表 3 - 4　補装具種目一覧

（単位：円）

種目	名称			R2購入基準	耐用年数
義 肢 （注1，2）				423,000	1～5
装 具 （注1，2）				84,000	1～3
座位保持装置 （注1）				352,000	3
視覚障害者安全つえ	普通用	グラスファイバー		3,550	2
		木材		1,650	
		軽金属		2,200	5
	携帯用	グラスファイバー		4,400	2
		木材		3,700	
		軽金属		3,550	4
	身体支持併用			3,800	4
義 眼	レディメイド			17,000	2
	オーダーメイド			82,500	
眼 鏡	矯正用（注3）	6D未満		17,600	4
		6D以上10D未満		20,200	
		10D以上20D未満		24,000	
		20D以上		24,000	
	遮光用	前掛け式		21,500	
		掛けめがね式		30,000	
	コンタクトレンズ			15,400	
	弱視用	掛けめがね式		36,700	
		焦点調整式		17,900	
補聴器（注4）	高度難聴用ポケット型			34,200	5
	高度難聴用耳かけ型			43,900	
	重度難聴用ポケット型			55,800	
	重度難聴用耳かけ型			67,300	
	耳あな型（レディメイド）			87,000	
	耳あな型（オーダーメイド）			137,000	
	骨導式ポケット型			70,100	
	骨導式眼鏡型			120,000	
車椅子	普通型			100,000	6
	リクライニング式普通型			120,000	
	ティルト式普通型			148,000	
	リクライニング・ティルト式普通型			173,000	
	手動リフト式普通型			232,000	
	前方大車輪型			100,000	
	リクライニング式前方大車輪型			120,000	
	片手駆動型			117,000	
	リクライニング式片手駆動型			133,600	
	レバー駆動型			160,500	
	手押し型A			82,700	
	手押し型B			81,000	
	リクライニング式手押し型			114,000	
	ティルト式手押し型			128,000	
	リクライニング・ティルト式手押し型			153,000	

種目	名称			R2購入基準	耐用年数
電動車椅子	普通型（4.5km/h）			314,000	6
	普通型（6.0km/h）			329,000	
	簡易型	A 切替式		157,500	
		B アシスト式		212,500	
	リクライニング式普通型			343,500	
	電動リクライニング式普通型			440,000	
	電動リフト式普通型			701,400	
	電動ティルト式普通型			580,000	
	電動リクライニング・ティルト式普通型			982,000	
座位保持椅子（児のみ）				24,300	3
起立保持具（児のみ）				27,400	3
歩行器	六輪型			63,100	5
	四輪型（腰掛つき）			39,600	
	四輪型（腰掛なし）			39,600	
	三輪型			34,000	
	二輪型			27,000	
	固定型			22,000	
	交互型			30,000	
頭部保持具（児のみ）				7,100	3
排便補助具（児のみ）				10,000	2
歩行補助つえ	松葉づえ	木材	A 普通	3,300	2
			B 伸縮	3,300	
		軽金属	A 普通	4,000	
			B 伸縮	4,500	
	カナディアン・クラッチ			8,000	4
	ロフストランド・クラッチ			8,000	
	多点杖			6,600	
	プラットフォーム杖			24,000	
意思伝達装置（重度障害者用）	文字等走査入力方式				5
		簡易なもの		143,000	
			簡易な環境制御機能が付加されたもの	191,000	
			高度な環境制御機能が付加されたもの	450,000	
			通信機能が付加されたもの	450,000	
	生体現象方式			450,000	
内耳（人工内耳）	人工内耳用音声信号処理装置修理			30,000	－

（注1）義肢・装具・座位保持装置の基準額については、平成28年度交付実績（購入金額）1件当たり平均単価を記載。（千円未満は四捨五入。平成28年度福祉行政報告例より。）

（注2）義肢・装具の耐用年数について、18歳未満の児童の場合は、成長に合わせて4ヶ月～1年6ヶ月の使用年数となっている。

（注3）遮光用としての機能が必要な場合は、30,000円とすること。

（注4）デジタル式補聴器で、補聴器の装用に関し、専門的な知識・技能を有する者による調整が必要な場合は2,000円を加算すること。

第11次改正　令和2年3月31日厚生労働省告示第157号

出所）https://www.mhlw.go.jp/content/12200000/000620730.pdf（2021年3月30日閲覧）

2）補装具にかかる利用者負担

　補装具にかかる利用者負担は，障害福祉サービスの利用者負担と同様に，低所得者は利用者負担がなくなった。市町村民税課税世帯は負担上限額が3万7,200円となっている。

　高額障害福祉サービス等給付費の支給の対象に，補装具にかかる利用者負担が加えられ，障害福祉サービスや介護保険サービス等の利用者負担額と補装具の利用者負担額を合算した額が負担上限額を超える場合，高額障害福祉サービス等給付費の支給の対象となった。但し，一定所得以上の世帯に属する者は補装具費の支給の対象としないことになり，本人または他の世帯員（障害者の場合はその配偶者に限る）のうちいずれかの市町村民税所得割の納税額が46万円以上であることがその基準となっている（図表3－5）。

図表3－5　利用者負担の上限額

区分	生活保護世帯	市町村民税非課税世帯	一般（市町村民税課税世帯）				世帯の範囲	
			市町村民税所得割				障害者	障害児
			16万円未満	28万円未満	46万円未満	46万円超		
障害者福祉サービス（居宅・通所）【障害者】	0円	0円	9,300円	37,200円			本人および配偶者（注）	住民基本台帳上の世帯（注）
障害者福祉サービス（居宅・通所）【障害児】	0円	0円	4,600円		37,200円			
障害者福祉サービス（入所施設等）【障害者（20歳以上）】	0円	0円	37,200円					
障害者福祉サービス（入所施設等）【障害者（20歳未満）・障害児】	0円	0円	9,300円		37,200円			
補装具	0円	0円	37,200円			全額自己負担		

注：施設に入所する20歳未満の障害者又は障害児については，当該障害者又は障害児を監護する者（保護者等）の属する世帯とする。

3）補装具費の支給の仕組み

　補装具の購入または修理を希望する者は，市町村に費用支給の申請を行う。申請を受けた市町村は，身体障害者更生相談所等の意見を基に補装具費の支給を行うことが適切であると認められるときは，補装具費の支給の決定を行う。その際，補装具の種目と金額を決定するとともに，適切な事業者の選定に必要となる情報を提供する。補装具費の支給の決定を受けた障害者は，補装具製作（販売）業者と契約をして，補装具の購入または修理のサービス提供を受ける。そのサービスを受けた障害者は，事業者に対して補装具の購入または修理に要した費用を支払うとともに，市町村に対して補装具の購入または修理に通常要する費用から利用者負担額を差し引いた額を請求する。

　市町村は，その請求が適正であると認めたときは，補装具費を支給する（図表3－6）。

　利用者の同意と契約により，市町村と事業者の代理受領方式も採用されている。

図表3－6　補装具費の支給の仕組み

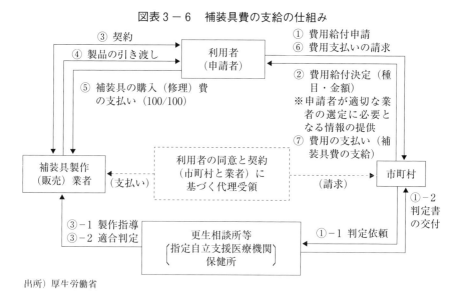

出所）厚生労働省

4）補装具の借受け

　障害者総合支援法の改正により，2018（平成30）年から補装具費支給制度における借受け制度が導入された。借受けが認められる場合の要件は，① 身体の成長に伴い，短期間で補装具等の交換が必要であると認められる場合，② 障害の進行により，補装具の短期間の利用が想定される場合，③ 補装具の購入に先立ち，複数の補装具等の比較検討が必要であると認められる場合の 3 点である。

　借受けの導入にかかる留意事項のポイントとしては，以下の通りである。

○借受けによる補装具費の支給は，従来の支給決定プロセスを大きく変えるものではなく，支給決定に至るまでの過程で身体障害者更生相談所等による専門的な判断により，必要性が認められた場合に限られる。

○障害児（者）にかかわらず，判定にあたっては，身体障害者更生相談所の専門的な判定・助言を求めることが望ましい。

○借受けにかかる補装具費は，支給決定の初回は，購入または修理の場合と同様に申請，判定，支給決定を行い，2 か月目以降は，申請者または代理受領を行う事業者からの請求をもって，借受けにかかる補装具費を毎月支給する。

○支給決定時に想定した期間が終了した場合は，購入が可能か，借受けを継続するかを勘案して，再度支給決定を行う。

　また，借受けの対象種目については，① 義肢，装具，座位保持装置の完成用部品，② 重度障害者用意思伝達装置の本体，③ 歩行器，④ 座位保持椅子であり，対象種目の基準額は，耐用年数の 3 分の 2 を償却期間として設定し，購入基準の額／償却期間（月）を 1 月あたりの借受け基準額とすることとされた。

5）他の制度との関係

① 介護保険制度における福祉用具との適用関係

　補装具のうち，車いす，歩行器，歩行補助つえの 3 種目については，介護保険制度における福祉用具と共通している。そのため，65歳以上の身体障害者で

あって要介護状態（要支援状態）に該当する者がそれらの補装具の利用を希望した場合，介護保険制度における福祉用具の貸与が優先されるため，補装具費は支給されない。ただし，障害の状態により，オーダーメイド等により個別に製作する必要があると判断される場合は補装具費が支給される。

　つまり，要介護者または要支援者で，かつ，身体障害者手帳を所持している場合，標準的な既製品で対応できる場合は，それらを介護保険制度における福祉用具として貸与により利用することができる。一方，標準的な既製品で対応できない場合は個別に製作することとなるため，補装具として購入し，補装具費の支給を受けることとなる。

　② 日常生活用具

　日常生活用具給付等事業は，1969年に始まった事業であり，身体障害者福祉法や知的障害者福祉法など，根拠法令が多岐にわたっていた。また，国の補助事業としての位置づけであったために，市町村が給付品目や給付金額を自由に設定できる事業であった。

　日常生活用具給付等事業は，障害者自立支援法の施行にともない，地域生活支援事業として実施されることとなった。国によるガイドラインが示されているものの，地域生活支援事業は地域の実情等に応じて弾力的に実施する事業であるため，その内容については自治体ごとに異なる部分がある。

　この事業は「重度障害者等の日常生活がより円滑に行われるための用具」を給付又は貸与すること等により，障害者および障害児の福祉の増進に資することを目的としている。「厚生労働大臣が定める日常生活上の便宜を図るための用具」として3つの要件および6つの用途・形状（種目）が定められている（図表3－7）。

　日常生活用具は3つの要件のすべてを満たし，6つの用途・形状のいずれかに該当するものとされる。なお，日常生活用具の具体的な品目については市町村が地域の実情に応じて決定することになっているが，国からはガイドラインとして45品目が提示されている。

図表3－7　日常生活用具の要件，用途・形状

日常生活用具の要件
①　障害者等が安全かつ容易に使用できるもので，実用性が認められるもの
②　障害者等の日常生活上の困難を改善し，自立を支援し，かつ，社会参加を促進すると認められるもの
③　用具の製作，改良又は開発に当たって障害に関する専門的な知識や技術を要するもので，日常生活品として一般に普及していないもの

日常生活用具の用途・形状	
①　介護・訓練支援用具	特殊寝台，特殊マットその他の障害者等の身体介護を支援する用具並びに障害児が訓練に用いるいす等のうち，障害者等及び介助者が容易に使用できるものであって，実用性のあるもの
②　自立生活支援用具	入浴補助用具，聴覚障害者用屋内信号装置その他の障害者等の入浴，食事，移動等の自立生活を支援する用具のうち，障害者等が容易に使用することができるものであって，実用性のあるもの
③　在宅療養等支援用具	電気式たん吸引器，盲人用体温計その他の障害者等の在宅療養等を支援する用具のうち，障害者等が容易に使用することができるものであって，実用性のあるもの
④　情報・意思伝達支援用具	点字器，人工喉頭その他の障害者等の情報収集，情報伝達，意思疎通等を支援する用具のうち，障害者等が容易に使用することができるものであって，実用性のあるもの
⑤　排泄管理支援用具	ストーマ装具その他の障害者等の排泄管理を支援する用具及び衛生用品のうち，障害者等が容易に使用することができるものであって，実用性のあるもの
⑥　居宅生活動作補助用具	障害者等の居宅生活動作等を円滑にする用具であって，設置に小規模な住宅改修を伴うもの

出所）厚生労働省告示第529号（平成18年9月29日）をもとに作成

　希望者は，市町村長に申請し，市町村による給付等の決定後，給付等を受ける。補装具に関しては定率負担が適用されるが，日常生活用具の利用者負担に関しては，市町村の判断によることとされている。

（5）地域相談支援給付

　地域相談支援には，地域移行支援および地域定着支援がある。地域移行支援

では，入所施設や精神科病院等からの退所，退院にあたって支援を要する者に対し，入所施設や精神科病院等における地域移行の取り組みと連携しつつ，地域移行に向けた支援を行う。また，地域定着支援では，入所施設や精神科病院から退所・退院した者，家族との同居から一人暮らしに移行した者，地域生活が不安定な着等に対し，地域生活を継続していくための支援を行う。

1）地域移行支援

　地域移行支援は，障害者支援施設，独立行政法人国立重度知的障害者総合施設のぞみの園，児童福祉施設または療養介護を行う病院に入所している障害者に，住居の確保や地域における生活に移行するための活動に関する相談等を行う。

　児童福祉施設に入所する18歳以上の者，障害者支援施設等に入所する15歳以上の障害者みなしの者も対象としている。また，精神科病院（精神科病院以外で精神病室が設けられている病院を含む）に入院している精神障害者も対象とし，長期に入院していることから支援の必要性が相対的に高いと見込まれる1年以上の入院者を中心に対象とする。1年未満の入院者は，とくに支援が必要な者，具体的には措置入院や医療保護入院から退院する者で住居の確保などの支援を必要とする者や，地域移行支援を行わなければ入院の長期化が見込まれる者などを対象とする。

　なお，2014（平成26）年4月から，保護施設，矯正施設（刑務所，少年院等）および更生保護施設に入所等している障害者も対象に加わった。

　地域移行支援の給付決定にあたっては，障害者支援施設や精神科病院等に入院・入所する前の居住地の市町村が給付決定をすることになっている（居住地特例）。

　地域移行支援のサービスは，住居の確保その他の地域における生活に移行するための活動に関する相談，地域移行のための障害福祉サービス事業所等への同行支援等がある。

　給付決定の有効期間は，6か月以内であり，地域生活への移行が具体的に見

込まれる場合には，6か月以内で更新することもできる。さらなる更新については，必要に応じて市町村審査会の個別審査を経て判断することになっている。

地域移行支援の事業の運営基準には，

① 地域移行支援計画の作成

利用者ごとに地域移行支援計画を作成する。なお，作成に当たっては，利用者への面接や障害者支援施設等または精神科病院の担当者を招集した会議を開催し意見を求める。

② 相談および援助

利用者への面接による相談や障害者支援施設等または精神科病院からの同行支援について，おおむね週1回，少なくとも1月に2回行う。

③ 体験利用，体験宿泊の実施

利用者の状況等に応じ，障害福祉サービスの体験利用（障害福祉サービス事業者等への委託），一人暮らしに向けた体験宿泊（自ら実施または障害福祉サービス事業者等への委託可）を実施する。

④ 重要事項の掲示義務，公表の努力義務

が規定されている。

そのほかに，秘密保持，苦情解決，記録の整備等，必要な事項について規定されている。

2）地域定着支援

地域定着支援は，居宅において単身で生活する障害者や，居宅において同居している家族等が障害，疾病等のため，緊急時の支援が見込めない状況にある障害者のうち，地域生活を継続していくために常時の連絡体制の確保による緊急時の支援や相談等を行う。

具体的な対象者のイメージは，施設・病院から退所・退院した者，家族との同居から一人暮らしに移行した者，地域生活が不安定な者などであり，グループホーム，宿泊型自立訓練の入居者については支援が見込まれるため対象にな

らない。

　地域定着支援のサービスは，常時の連絡体制を確保し，障害の特性に起因して生じた緊急の事態等が生じた場合の相談，障害福祉サービス事業者等との連絡調整等の緊急時の各種支援等である。常時の連絡体制とは，携帯電話による体制によることも可能である。また，緊急の事態に対して速やかに駆けつけられる体制を確保することが前提となる。

　給付有効期間は，１年以内であり，地域生活を継続していくための緊急時の支援体制が必要と見込まれる場合には，１年以内で更新することができる。

　地域定着支援の事業の運営基準は，

　① 地域定着支援台帳の作成

　利用者ごとに，緊急時において必要となる家族，指定障害福祉サービス事業者，医療機関等の連絡先等を記載した地域定着支援台帳を作成する。作成にあたっては，利用者への面接によるアセスメントを実施する。

　② 常時の連絡体制の確保等

　利用者またはその家族との常時の連絡体制を確保するとともに，居宅への訪問等を行い，利用者の状況を把握する。

　③ 緊急の事態への対処等

　緊急時に速やかに利用者の居宅への訪問等による状況把握を実施するとともに，利用者の家族，関係機関との連絡調整，緊急一時的な滞在支援（指定障害福祉サービス事業者等への委託可）等を行う。

　④ 地域移行支援と同様に，重要事項の掲示義務，公表の努力義務が規定されている。

そのほかに，秘密保持，苦情解決，記録の整備等，必要な事項について規定されている。

　地域移行支援・地域定着支援は，できる限り支援の継続性を確保する観点から，事業者は両方の指定を受けることを基本とする。ただし，他の事業所との連携等により適切に支援することが可能な場合には，地域移行支援のみまたは

地域定着支援のみの指定を受けることもできる。

　いずれの事業も実施者は，都道府県・指定都市・中核市が指定する一般相談支援事業者（地域移行・定着担当）で，指定手続きは，当該事業所の所在地を管轄する都道府県知事・指定都市市長・中核市市長に申請し，当該自治体が指定することになる。

　地域移行支援および地域定着支援の給付決定に当たっては，障害支援区分認定調査にかかる項目を調査する必要がある。ただし，障害支援区分の認定は必要ない。従前の国庫補助事業支援対象者については調査を実施しないことも可能であるが，更新時は調査が必要になる。

（6）計画相談支援給付

　計画相談支援では，サービス等利用計画についての相談や作成などの支援が必要と認められる場合に，障害児（者）の自立した生活を支え，障害児（者）の抱える課題の解決や適切なサービス利用に向けて，ケアマネジメントによりきめ細かく支援する。

　計画相談支援給付費の対象者は，障害福祉サービスの利用を申請した障害者または障害児と，地域相談支援の利用を申請した障害者である（なお，障害児が児童福祉法に基づくサービスである障害児通所支援の利用を申請する場合については，障害児相談支援給付費の対象となる）。

　計画相談支援の事業の実施者は，市町村が指定する特定相談支援事業者（計画作成担当）である。事業者の指定手続きは，「総合的に相談支援を行う者として厚生労働省令で定める基準に該当する者」が，事業所の所在地を管轄する市町村長に申請し，当該市町村長が指定する。事業所の所在地以外の市町村の障害児（者）への計画相談支援も実施することができる。

　「総合的に相談支援を行う者」の基準については，以下を満たす事業者である。

　①　運営規定において，事業の主たる対象とする障害の種類を定めていないこと（三障害に対応できること）。ただし，事業の主たる対象とする障害の種

　　類を定めている場合であっても，他の事業者との連携により対応可能な場合や，近隣に指定特定相談支援事業者がないときも対象となる。

② 医療機関や行政機関等の関係機関との連携体制を確保していること。

③ 計画的に研修や事例検討等を行う体制を整えていること。

　人員基準は，事業所ごとに専従の管理者および相談支援専門員を配置しなければならない。ただし，業務に支障のない場合は，当該事業所の他の職務等に従事し，または他の事業所，施設等の職務に従事することができる。

　特定相談支援事業者の運営基準には，以下の事項が示されている。

① サービス等利用計画（以下，「計画」という）の作成に当たっては，利用者の希望等を踏まえて作成する。

② 計画の作成手順は，以下のとおりである。

　⑴　支給決定前に，利用者の居宅等への訪問面接によるアセスメントを行い，サービス等利用計画案（モニタリング期間の提案を含む）を作成する（障害児が児童福祉法に基づくサービスを併せて利用する場合は障害児支援利用計画案）。

　⑵　計画案の内容について，文書により利用者または障害児の保護者の同意を得て，計画案を利用者に交付する。

　⑶　支給決定後，事業者等と連絡調整等を行うとともに，サービス担当者会議の開催等により，計画案の内容の説明を行い，担当者から意見を求める。

　⑷　⑶による意見を踏まえた計画案について，利用者または障害児の保護者に説明し，文書により同意を得て，計画を利用者または障害児の保護者および担当者に交付する。

③ 掲示等

　重要事項（運営規程の概要，業務の実施状況，従事する者の資格，経験年数，勤務体制等）の掲示義務のほか，公表の努力規定がある。

　そのほか，秘密保持，苦情解決，記録の整備等，必要な事項について規定さ

れている。

　障害児にかかるサービス等利用計画を作成する事業者については，指定特定相談支援事業者および指定障害児相談支援事業者の両方の指定を受けることが基本である。また，市町村直営の場合には，支給決定を行う組織とは独立した体制が確保されている場合に限り，指定を受けることができる。

1）サービス利用支援

　サービス利用支援は，介護給付費等の支給決定の申請を行うときや介護給付費等の支給決定を受けている障害者または障害児の保護者がサービスの種類や支給量の変更を申請するとき，あるいは地域相談支援の給付決定を申請するときや地域相談支援の給付決定を受けている障害者が地域相談支援の種類や支給量の変更を申請するときに，障害者の心身の状況，そのおかれている環境，障害福祉サービスの利用に関する意向または地域相談支援の利用に関する意向等の事情を勘案して，利用する障害福祉サービスまたは地域相談支援の種類および内容その他厚生労働省令で定める事項を定めたサービス等利用計画案を作成する。

　介護給付費等の支給決定が行われた後や支給決定の変更の決定が行われた後，あるいは地域相談支援の給付決定が行われた後や給付決定の変更の決定が行われた後に，障害福祉サービス事業者等や一般相談支援事業者等との連絡調整等の便宜を供与するとともに，障害福祉サービスまたは地域相談支援の種類および内容等を記載したサービス等利用計画を作成する。

2）継続サービス利用支援

　継続サービス利用支援は，介護給付費等の支給決定を受けた障害者もしくは障害児の保護者または地域相談支援給付決定を受けた障害者に対して，介護給付費等の支給決定の有効期間または地域相談支援給付決定の有効期間内において継続して障害福祉サービスまたは地域相談支援を適切に利用できるように，

サービス等利用計画が適切であるかどうかにつき，厚生労働省令が定める期間ごとに，障害福祉サービスまたは地域相談支援の利用状況を検証し，サービス等利用計画の見直しを行う。その結果に基づき，サービス等利用計画を変更するとともに，関係者との連絡調整等を行う。

　また，新たな介護給付費等の支給決定や新たな地域相談支援給付決定，あるいは介護給付費等の支給決定の変更の決定や地域相談支援給付決定の変更の決定が必要であると認められる場合には，障害者または障害児の保護者に対して支給決定等にかかる申請を勧奨する。

（7）地域生活支援事業

　自立支援給付が，全国一律の共通した枠組みである一方，地域生活支援事業は，市町村が創意工夫によって利用者の状況に応じて柔軟に実施するものであり，障害者等が障害福祉サービスその他のサービスを利用しつつ，自立した日常生活又は社会生活ができるよう，相談支援，成年後見制度利用支援，移動支援，意思疎通支援，日常生活用具の給付等の事業を行うこととしている。また都道府県は，とくに専門性の高い相談支援事業その他の広域的な対応が必要な事業等を行うこととしている。

　地域生活支援事業は，市町村（指定都市，中核市，特別区を含む）および都道府県が，地域の実情に応じて柔軟に実施されることが好ましい事業として位置づけられている。そのため，各市町村・都道府県は，障害福祉計画において，当該地域の事業を実施するための必要事項を定めなければならない。元々は，障害者の地域生活を支援するための事業として，障害者自立支援法において法定化したもので，障害者総合支援法でも引き続き規定している。

1）市町村地域生活支援事業

　市町村地域生活支援事業には，必須事業として位置づけられている「相談支援事業」「意思疎通支援事業」「日常生活用具給付等事業」「移動支援事業」「地

域活動支援センター機能強化事業」等と，任意事業として位置づけられている「福祉ホームの運営」「日中一時支援」「レクリエーション活動等支援」「芸術文化活動振興」等がある。

2）都道府県地域生活支援事業

　都道府県地域生活支援事業には，とくに専門性の高い相談支援事業や一つの市町村の範囲を超えて行われる広域的な支援事業を必須事業として位置づけて

図表 3 − 8　地域生活支援事業（市町村事業）

必要事業
1　理解促進研修・啓発事業
2　自発的活動支援事業
3　相談支援事業 　(1)　基幹相談支援センター等機能強化事業 　(2)　住宅入居等支援事業（居住サポート事業）
4　成年後見制度利用支援事業
5　成年後見制度法人後見支援事業
6　意思疎通支援事業
7　日常生活用具給付等事業
8　手話奉仕員養成研修事業
9　移動支援事業
10　地域活動支援センター機能強化事業

任意事業
1　日常生活支援 　(1)　福祉ホームの運営 　(2)　訪問入浴サービス 　(3)　生活訓練等 　(4)　日中一時支援 　(5)　地域移行のための安心生活支援 　(6)　巡回支援専門員整備 　(7)　相談支援事業所等（地域援助事業者）における退院支援体制確保 　(8)　協議会における地域資源の開発・利用促進等の支援
2　社会参加支援 　(1)　スポーツ・レクリエーション活動支援 　(2)　芸術文化活動振興 　(3)　点字・声の広報等発行 　(4)　奉仕員養成研修 　(5)　複数市町村における意思疎通支援の共同実施促進 　(6)　家庭・教育・福祉連携推進事業
3　就業・就労支援 　(1)　盲人ホームの運営 　(2)　知的障害者職親委託

参考）交付税を財源として実施する事業
　　・相談支援事業のうち障害者相談支援事業　・地域活動支援センター基礎的事業
　　・障害者支援区分認定等事務　・自動車運転免許取得　・改造助成　・更生訓練費給付

92

図表 3 - 9　地域生活支援事業（都道府県事業）

必須事業
1　専門性の高い相談支援事業
（1）　発達障害者支援センター運営事業
（2）　高次脳機能障害及びその関連障害に対する支援普及事業
2　専門性の高い意思疎通支援を行う者の養成研修事業
（1）　手話通訳者・要約筆記者養成研修事業
（2）　盲ろう者向け通訳・介助員養成研修事業
（3）　失語症者向け意思疎通支援者養成研修事業
3　専門性の高い意思疎通支援を行う者の派遣事業
（1）　手話通訳者・要約筆記者養成研修事業
（2）　盲ろう者向け通訳・介助員養成研修事業
（3）　失語症者向け意思疎通支援者養成研修事業
4　意思疎通支援を行う者の派遣に係る市町村相互間の連絡調整事業
5　広域的な支援事業
（1）　都道府県相談支援体制整備事業
（2）　精神障害者地域生活支援広域調整等事業
（3）　発達障害者支援地域協議会による体制整備事業

任意事業
1　サービス・相談支援者，指導者育成事業
（1）　障害支援区分認定調査員等研修事業
（2）　相談支援従事者等研修事業
（3）　サービス管理責任者研修事業
（4）　居宅介護従事者等養成研修事業
（5）　身体障害者・知的障害者相談員活動強化事業
（6）　音声機能障害者発声訓練指導者養成事業
（7）　精神障害関係従事者養成研修事業
（8）　精神障害者支援の障害特性と支援技法を学ぶ研修事業
（9）　その他サービス・相談支援者，指導者育成事業
2　日常生活支援
（1）　福祉ホームの運営
（2）　オストメイト（人工肛門、人工膀胱増設者）社会適応訓練
（3）　音声機能障害者発声訓練
（4）　児童発達支援センター等の機能強化等
（5）　矯正施設等を退所した障害者の地域生活への移行促進
（6）　医療型短期入所事業所開設支援
（7）　障害者の地域生活の推進に向けた体制強化支援事業
3　社会参加支援
（1）　手話通訳者の設置
（2）　字幕入り映像ライブラリーの提供
（3）　点字・声の広報等発行
（4）　点字による即時情報ネットワーク
（5）　都道府県障害者社会参加推進センター運営
（6）　奉仕員養成研修
（7）　レクリエーション活動等支援
（8）　芸術文化活動振興
（9）　サービス提供者情報提供等
（10）　障害者自立（いきいき）支援機器普及アンテナ事業
（11）　企業 CSR 連携促進
4　就業・就労支援
（1）　盲人ホームの運営
（2）　重度障害者在宅就労促進（バーチャル工房支援）
（3）　一般就労移行促進
（4）　障害者就業・生活支援センター体制強化等
5　重度障害者に係る市町村特別支援

参考）交付税を財源として実施する事業・障害児等療育支援事業

いる。また，手話通訳者や要約筆記者等，専門性の高い意思疎通支援者の養成研修・派遣等の事業もある。このように都道府県は，より高い専門性が求められる事業や人材育成にかかわる事業を行う等，市町村をサポート（後方支援）する位置づけとなっている。障害者や家族の身近なところでサービス提供を行う市町村と役割を分担し，地域の実情にあわせ，障害者個々の生活において適切な支援ができるような仕組みづくりをめざしている。

（8）高額障害福祉サービス等給付費

　障害福祉サービスおよび介護保険制度における居宅サービス等を利用したことにより利用者負担が著しく高額になった場合，高額障害福祉サービス等給付費が支給される。

　夫婦とも障害者で，夫婦が同時に障害福祉サービスを利用した場合，利用者負担額が高額になる可能性がある。この場合も，高額障害福祉サービス等給付費が支給される。

　さらに，障害福祉サービスと補装具の利用者負担の上限額は，それぞれ別に設定されていたが，2012（平成24）年4月から，補装具の購入または修理にかかる利用者負担額も，新たに高額障害福祉サービス等給付費の合算対象となった。なお，2018（平成30）年4月から，補装具の借受けに対しても補装具費が支給されている。

（9）特定障害者特別給付費および特例特定障害者特別給付費

　施設入所支援，共同生活援助，その他の政令で定める障害福祉サービスの支給決定を受けた障害者のうち低所得である者（特定障害者）に対して，支給決定の有効期間内において，指定障害者支援施設，独立行政法人国立重度知的障害者総合施設のぞみの園に入所していたり，共同生活援助を行う住居に入居してサービス（特定入所等サービス）を受けたときは，食事の提供に要した費用または居住に要した費用（特定入所等費用）について，特定障害者特別給付費が支給

される。

　特例特定障害者特別給付費は，申請から支給決定の効力が生じた日の前日までの間に緊急その他やむを得ない理由により障害福祉サービス等を受けたときに支給される。

(10) 療養介護医療費および基準該当療養介護医療費

　医療を必要とするとともに，常時介護を必要とすると認められた障害者が，主として昼間，病院や施設等で機能訓練，療養上の管理，看護，医学的管理のもとでの介護や日常生活上の世話を受けている場合に，医療にかかる部分に限ってそれに要した費用として療養介護医療費が支給される。

　基準該当療養介護医療費は，基準該当事業所または基準該当施設から療養介護医療を受けた場合に支給される。

6．サービスの利用方法

　障害者等が支援の必要度に応じて障害福祉サービスを公平に利用できるよう，支給決定の透明化，明確化を図る観点から，市町村に障害保健福祉の学識経験者からなる介護給付費等の支給に関する審査会（市町村審査会）を置くこととし，障害の多様な特性その他の心身の状態に応じて必要とされる標準的な支援の度合を総合的に示す「障害支援区分」（旧・障害程度区分）を設けている。

（1）介護給付費等の支給決定

　サービスの支給決定を受けようとする障害者又は障害児の保護者の申請を受けた市町村は，障害支援区分の認定および支給要否決定を行うため，まず当該申請に係る障害者等又は障害児の保護者について，心身の状況，置かれている環境等について調査を行う。その調査を基に，障害支援区分の一次判定が行われ，さらに市町村審査会が行う障害支援区分に関する審査および判定の結果に

図表3−10　介護給付費等の支給決定のプロセス

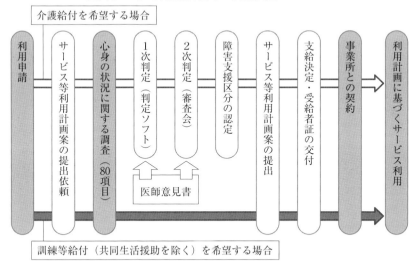

基づき，障害支援区分の認定を行うこととなる。そして，障害支援区分，介護者の状況，障害福祉サービスの利用に関する意向その他の事項を勘案して支給安否決定を行うこととし，支給安否決定を行うに当たって必要があると認めるときは，市町村審査会等の意見を聴くことができることとしている。また，都道府県は市町村の求めに応じ，技術的事項についての協力その他市町村に対する必要な援助を行うこととし，市町村の委託を受けて審査判定業務を行う都道府県に，介護給付費等の支給に関する審査会（都道府県審査会）を置くこととしている（図3−10参照）。

（2）介護給付費又は訓練等給付費の支給等

　市町村は，支給決定を受けた障害者又は障害児の保護者（支給決定障害者等）が指定障害福祉サービス事業者等から指定障害福祉サービス等を受けたときは，介護給付費又は訓練等給付費の支給を行う。

　障害者自立支援法（現・障害者総合支援法）の施行当初においては，いわゆる

定率負担とされ，所得に応じた月額負担上限の仕組みとなっていたが，2012（平成24）年4月1日より，利用者負担の仕組みは支給決定障害者等の家計の負担能力に応じたものとされた。

（3）サービスの利用に関する費用

　障害福祉サービスに係る給付費は，支援費制度が施行されて以降，急速に増大しており，今後も新たにサービスを利用する障害者等が増えることが見込まれるなかで，必要なサービスを確保しながら，制度を安定的に運営することができるよう，在宅サービスに関する国および都道府県の負担を義務的なものとしている。

1）利用者負担の仕組み

　障害者等が障害福祉サービスを利用した場合，その利用料金を事業者に支払う必要がある。障害者総合支援法では，利用者の所得に着目した応能負担が原則となっている（サービス利用量が少なく，負担上限月額よりもサービスにかかる費用の1割に相当する額のほうが低い場合は，当該1割に相当する額を負担。食費・光熱水費は実費負担）。ただし，応能負担とはいえ，際限なく負担が増えないよう，利用者本人が属している世帯の収入額等に応じて，負担する月額の上限を定めている。

　なお，障害者自立支援法施行当初は，利用者負担は原則として，サービス利用量と所得に着目した応益負担（定率負担／所得に応じた一定の負担上限額あり），食費・光熱水費は実費負担となっていた。

2）利用者負担の上限・免除

　前述の通り，障害福祉サービスの利用量に応じて際限なく負担が増えないよう（1か月に利用したサービス量にかかわらず，それ以上の負担が生じないよう），利用者本人が属している世帯の所得に応じて，月ごとの負担上限額が決められて

図表3－11　利用者の負担上限月額

区　分	世帯の収入状況	負担上限月額
生活保護	生活保護受給世帯	0円
低所得	市町村民税非課税世帯	0円
一般1	町村民税課税世帯（所得割16万円未満） ＊障害児は28万円未満 ＊入所施設利用者（20歳以上），グループ 　ホーム利用者は除く（課税世帯の場合， 　「一般2」となる）	9,300円 ＊4,600円（居宅・通所サービス利 　用の障害児）
一般2	上記以外	37,200円

　いる。それでも稼得機会が少ない，得られる収入が低い等，利用料の負担が厳しい場合も考えられることから，その負担に関して軽減措置が講じられている。

　障害福祉サービスにかかる利用者負担の上限月額は，利用者本人が属している世帯の収入額等に応じて，生活保護（生活保護受給世帯），低所得（市町村民税非課税世帯），一般（市町村民税課税世帯）といった区分を設定している。また，医療施設や療養介護を利用した場合の個別減免（医療型），実費負担となっている食費・光熱水費に対する利用者の負担軽減を図る補足給付（実費負担の減免），生活保護移行防止（負担軽減策を講じても負担が大きく，生活保護の対象となる場合は，その対象とならない額まで月掛負担上限額および食費等実費負担を引き下げる）等の措置が講じられる。

　その他，障害福祉サービスと介護保険サービスを併用している場合等において，各々の利用者負担額がその世帯の月額負担上限額を超えないよう，超過分が高額障害福祉サービス費として支給される高額障害福祉サービスが軽減措置としてある。また，2016（平成28）年の障害者総合支援法の改正によって，65歳に至るまで相当の長期間にわたり障害福祉サービスを受けていた障害者が，引き続き障害福祉サービスに相当する介護保険サービスを利用する場合，所得等一定の事情を考慮し，介護保険サービスの利用者負担が軽減されるよう，障害福祉制度（高額障害福祉サービス費の支給）により利用者負担を軽減（償還）す

る仕組みが設けられた。

7. 障害福祉計画

　厚生労働大臣は，障害福祉サービスおよび相談支援並びに市町村および都道府県の地域生活支援事業の提供体制を整備し，自立支援給付および地域生活支援事業の円滑な実施を確保するための基本的な指針を定めることとしている。また，市町村は基本指針に即して，障害福祉サービスの提供体制の確保その他この法律に基づく業務の円滑な実施に関する計画（市町村障害福祉計画）を定め，定期的に調査，分析および評価を行うものとし，さらに，都道府県はこの基本指針に即して，市町村障害福祉計画の達成に資するため，各市町村を通ずる広域的な見地から，障害福祉サービスの提供体制の確保その他この法律に基づく業務の円滑な実施に関する計画（都道府県障害福祉計画）を定め，定期的に調査，分析および評価を行うものとしている。

　2018（平成30）年4月の児童福祉法の改正により，障害児のサービスに係る提供体制の計画的な構築を図るため，障害児福祉計画が策定されることとなった。今後は，障害福祉計画と障害児福祉計画が相互に連動し，総合的な体制確保が図られていく。

8. 介護保険制度との連携（地域共生社会の推進）

　障害福祉サービス等について，これに相当する介護保険サービスがある場合には，社会保障制度の原則である保険優先の考え方に基づき，原則として介護保険サービスに係る保険給付が優先して行われる。こうした制度の下では，障害者が65歳になって介護保険の被保険者となった際に，使い慣れた障害福祉サービス事業所を利用できなくなるケースがあり，制度のあり方を問う声も上がっていた。

図表3－12　共生型サービスの対象サービス

	介護保険サービス		障害福祉サービス等
ホームヘルプ サービス	訪問介護	⇔	居宅介護 重度訪問介護
デイサービス	通所介護 （地域密着型を含む）	⇔	生活介護（主として重症心身障害者を通わせる事業所を除く） 自立訓練（機能訓練・生活訓練） 児童発達支援（主として重症心身障害児を通わせる事業所を除く） 放課後等デイサービス（同上）
	療養通所介護	⇔	生活介護（主として重症心身障害者を通わせる事業所に限る） 児童発達支援（主として重症心身障害児を通わせる事業所に限る） 放課後等デイサービス（同上）
ショートステイ	短期入所生活介護 （予防を含む）	⇔	短期入所
「通い・訪問・泊まり」といったサービスの組み合わせを一体的に提供するサービス※	（看護）小規模多機能型居宅介護（予防を含む） ・通い ・泊まり ・訪問	→ → →	生活介護（主として重症心身障害者を通わせる事業所を除く） 自立訓練（機能訓練・生活訓練） 児童発達支援（主として重症心身障害児を通わせる事業所を除く）（通い） 放課後等デイサービス（同上） 短期入所（泊まり） 居宅介護 重度訪問介護（訪問）

※　障害福祉サービスには介護保険の小規模多機能型居宅介護と同様のサービスは無いが，障害福祉制度の現行の基準該当の仕組みにおいて，障害児（者）が（看護）小規模多機能型居宅介護に通ってサービスを受けた場合等に，障害福祉の給付対象となっている。

出所）https://www.mhlw.go.jp/file/05-Shingikai-12601000-Seisakutoukatsukan-Sanjikanshitsu_Shakaihoshoutantou/0000170288.pdf（2021年3月30日閲覧）

　平成30年4月には，こうした観点からの対応に加え，福祉に携わる人材に限りがあるなかで，地域の実情に合わせて，人材をうまく活用しながら適切にサービス提供を行うという観点から，「共生型サービス」が創設された。この新しい制度は，介護保険又は障害福祉のいずれかの居宅サービスの指定を受けている事業所が，もう一方の制度の居宅サービスの指定を受けやすくする仕組みを講じ，高齢者と障害者児（者）が同一の事業所でサービスを受けられる環境を整備するもので，その対象サービスは，図表3－12のように整理される。

　また，これに併せ，65歳に至るまで相当の長期間にわたり障害福祉サービスを利用してきた低所得の高齢障害者が，引き続き障害福祉サービスに相当する介護保険サービスを利用する場合には，障害者の所得の状況や障害の程度等の事情を勘案し，当該介護保険サービスの利用者負担を障害福祉制度により軽減（償還）する仕組みが創設された。

図表 3 −13　障害福祉サービスと介護保険サービスとの主な違い

項　　目	障害福祉サービス	介護保険サービス
介護（支援）の必要度	障害支援区分（区分 1 〜 6）	要介護状態区分（要支援 1・2，要介護 1 〜 5）
サービスの支給限度	利用者・家族の意向をふまえ，支給決定基準に基づいて，市町村がサービスの種類・支給量を決定	要介護状態区分別に支給限度額を決定
サービスの利用計画（作成）	指定特定相談支援事業所の相談支援専門員が作成	地域包括支援センター・居宅介護支援事業所の介護支援専門員（ケアマネジャー）が作成
利用者負担	応能負担（原則 1 割負担）	応能負担（原則 1 割負担）＊一定以上所得者は 2 割負担

出所）柏倉秀克監修『障害者総合支援法のすべて』ナツメ社，2017年，75頁をもとに筆者作成

参考文献

内閣府『令和 2 年版　障害者白書』2020年

厚生労働統計協会編『国民の福祉と介護の動向　2020/2021』厚生労働統計協会，2020年

読者のための参考図書

小澤温編『よくわかる障害者福祉（第 7 版）』ミネルヴァ書房，2020年
　障害者福祉に関係するトピックや制度が見開きページでまとめられているため，障害者福祉の概略を理解しやすい。障害者福祉の現状をもとに，障害者福祉の今後を考える役にたつ。
内閣府『障害者白書（各年版）』
　障害者基本法に基づく報告書で，障害者施策の概況等が基礎的なデータとともに記載されている。内閣府ホームページにおいて，全文を閲覧することができるので，必ず目を通しておきたい。

演習問題

① 　自分の住んでいる市町村の障害福祉計画を調べて，実際に読んでみよう。

② 　障害福祉計画をもとに，どのような障害福祉サービスが提供されているのかをまとめてみよう。

③ 　障害福祉計画をもとに，地域生活支援事業がどのように実施されているのかをまとめてみよう。

◇◇◇◇◇◇◇◇◇◇◇◇◇◇◇◇◇◇◇◇◇ ✽考えてみよう ◇◇◇◇◇◇◇◇◇◇◇◇◇◇◇◇◇◇◇◇◇

❶ 苦情解決制度と利用者の権利擁護のあり方について，エンパワメントや
ワーカビリティの視点から考えてみよう。

❷ 「障害の有無にかかわらず，相互に個性の差異と多様性を尊重し，人格を認
め合う共生社会」とはどのような社会なのか具体的に考えてみよう。

❹ 自分の住んでいる市町村の障害福祉計画を読んで，現在，市町村が抱えて
いる課題を解決するための方法を考えてみよう。

◇◇

第4章　障害・難病のある子どもへの支援

> 障害や難病のある子どもへの支援は，できるだけ早い時期から適切な支援を行い，障害の軽減や基本的な生活能力の向上を図り，将来の社会参加を見据えていくことが大切であり，当該の児童が地域で安心して生活できるよう，当該の児童とともに家族に対する支援を総合的に行う体制の整備が必要である。

🔑 キーワード　難病，障害児，障害児福祉計画，障害児支援サービス

1. 障害・難病のある子どもへの支援の変遷

　障害児への支援は，明治時代から少数の民間篤志家により行われ，1947（昭和22）年の児童福祉法制定以降，障害や疾患のある子どもに対するサービスには，医療と教育の両方をバランスよく提供する必要性があることを意図した「療育」という考え方に基づいて体系的に実施されている。

　児童福祉法に基づき，児童相談所をはじめ各種施設等の設置，保護指導の制度などが整備された。当初は施設処遇による福祉施策が中心であったが，昭和40年代より在宅福祉による施策の重要性が高まってきた。2000（平成12）年の社会福祉基礎構造改革を受けて，2003（平成15）年には支援費制度が導入され，2005（平成17）年には，発達障害者支援法が施行された。

　わが国の障害児（者）に対する福祉サービスは，身体障害者福祉法，知的障害者福祉法，精神保健および精神障害者福祉に関する法律，児童福祉法など障害別，年齢別に定められた法律によりそれぞれに整備と拡充が図られてきた。各分野による重点的な基盤整備が進められた一方，制度間の格差，制度と制度の間に陥ってしまう事例，生涯一貫したサービスが提供しにくいという課題が指摘されてきた。

　2006（平成18）年4月には，障害者自立支援法が施行され，身体障害，知的障害，精神障害の各サービスの利用の仕組みの一本化，施設や事業体系の再編，サービスの確保と提供責任の市町村への一元化，費用負担（サービス利用料）の見直しが行われ，障害者の地域生活と就労を進め，自立を支援するサービスの一元的な提供をめざすこととなり，2010（平成22）年の改正，2012（平成24）年の「障害者の日常生活及び社会生活を総合的に支援するための法律（障害者総合支援法）」への改正に伴い，障害児から障害者まで一貫したサービスが提供されることとなり，障害児の福祉制度は大きく変わる。

　2010（平成22）年12月，障がい者制度改革推進本部等における検討をふまえて障害保健福祉施策を見直すまでの間において障害者等の地域生活を支援するための関係法律の整備に関する法律が成立し，障害児を対象とした施設・事業体系が再編された。2012（平成24）年4月1日からは，これまで施設系サービスは児童福祉法に，事業系サービス（児童デイサービス）は障害者自立支援法に基づいて実施されていた障害児サービスの根拠法が児童福祉法に一本化された。また障害種別ごとに分かれていた施設体系も，入所（障害児入所施設）と通所（児童発達支援センター）の利用形態にそれぞれ一元化された。

　2015（平成27）年4月に施行された，子ども・子育て支援新制度では，すべての子どもを対象とする一般施策を基本としながら，障害児への対応を行っている。これに従来取り組まれてきた個々のニーズに合わせた障害児を対象とする専門施策を後方支援として連携して進めていくことが目指されている。

　また，平成28年5月に成立した障害者総合支援法および児童福祉法の一部を改正する法律により，障害児のサービスに係る提供体制の計画的な構築を推進するため，「障害児福祉計画」を定めるものとされた。

2．障害・難病のある子どもへの支援の目的

　子どもの心身や生活環境の状況は多様であり，生活やそこに求められる支援

は個別に異なる。さらに保護者や家族のおかれた心身や生活の状況もまた個別に異なる。本来的にどの子にも保障されるべきノーマルな社会生活を基本としながら，いかに個別化された支援を組み合わせて提供していくのかが課題である。障害のある児童には，可能な限り早い時期から適切な支援を行い，障害の軽減や基本的な生活能力の向上を図り，将来の社会参加を見据えていくことが大切である。障害児が地域で安心して生活できるよう，当該の児童と家族に対する支援を総合的に行う体制の整備が必要である。

3．障害児の定義

　障害児とは，身体に障害のある児童，知的障害のある児童，精神に障害のある児童（発達障害者支援法（平成16年法律第167号）第 2 条第 2 項に規定する発達障害児を含む）又は治療方法が確立していない疾病その他の特殊の疾病であって障害者の日常生活及び社会生活を総合的に支援するための法律（平成17年法律第123号）第 4 条第 1 項の政令で定めるものによる障害の程度が同項の厚生労働大臣が定める程度である児童をいう（児童福祉法第 4 条第 2 項）。

　厚生労働省によると，2018（平成30）年の身体障害児（18歳未満）は 7 万 1 千人，知的障害児（18歳未満）は22万 1 千人と報告（推計値）されている（『令和 2 年版　障害者白書』）。

4．障害児福祉計画

　2016（平成28）年の障害者総合支援法および児童福祉法の一部を改正する法律（図表 4 - 1 ）において，障害児のサービスに係る提供体制の計画的な構築を推進するため，「障害児福祉計画」（図表 4 - 2 ）を定めることが明記された。これに伴い児童福祉法第33条では，都道府県および市町村は，「基本指針に即して，障害児通所支援及び障害児相談支援の提供体制の確保その他障害児通所支

図表 4 − 1　障害者の日常生活および社会生活を総合的に支援するための法律および児童福祉法の一部を改正する法律

趣　旨	(平成28年5月25日成立・同年6月3日公布)
障害者が自らの望む地域生活を営むことができるよう、「生活」と「就労」に対する支援の一層の充実や高齢障害者による介護保険サービスの円滑な利用を促進するための見直しを行うとともに、障害児支援のニーズの多様化にきめ細かく対応するための支援の拡充を図るほか、サービスの質の確保・向上を図るための環境整備等を行う。	

概　要

1. 障害者の望む地域生活の支援
(1) 施設入所支援や共同生活援助を利用していた者等を対象として、定期的な巡回訪問や随時の対応により、円滑な地域生活に向けた相談・助言等を行うサービスを新設する（自立生活援助）
(2) 就業に伴う生活面の課題に対応できるよう、事業所・家族との連絡調整等の支援を行うサービスを新設する（就労定着支援）
(3) 重度訪問介護について、医療機関への入院時も一定の支援を可能とする
(4) 65歳に至るまで相当の長期間にわたり障害福祉サービスを利用してきた低所得の高齢障害者が引き続き障害福祉サービスに相当する介護保険サービスを利用する場合に、障害者の所得の状況や障害の程度等の事情を勘案し、当該介護保険サービスの利用者負担を障害福祉制度により軽減（償還）できる仕組みを設ける

2. 障害児支援のニーズの多様化へのきめ細かな対応
(1) 重度の障害等により外出が著し困難な障害児に対し、居宅を訪問して発達支援を提供するサービスを新設する
(2) 保育所等の障害児に発達支援を提供する保育所等訪問支援について、乳児院・児童養護施設の障害児に対象を拡大する
(3) 医療的ケアを要する障害児が適切な支援を受けられるよう、自治体において保健・医療・福祉等の連携促進に努めるものとする
(4) 障害児のサービスに係る提供体制の計画的な構築を推進するため、自治体において障害児福祉計画を策定するものとする

3. サービスの質の確保・向上に向けた環境整備
(1) 補装具費について、成長に伴い短期間で取り替える必要のある障害児の場合等に貸与の活用も可能とする
(2) 都道府県がサービス事業所の事業内容等の情報を公表する制度を設けるとともに、自治体の事務の効率化を図るため、所要の規定を整備する

施行期日
平成30年4月1日（2(3)については公布の日（平成28年6月3日））

出所）https://www.mhlw.go.jp/file/05-Shingikai-12601000-Seisakutoukatsukan-Sanjikanshitsu_Shakaihoshoutantou/0000128863.pdf（2021年3月30日閲覧）

図表 4 − 2　障害児のサービス提供体制の計画的な構築

○　児童福祉法に基づく障害児通所・入所支援などについて、サービスの提供体制を計画的に確保するため、都道府県及び市町村において障害児福祉計画を策定する等の見直しを行う。

※　現在、障害者総合支援法に基づく障害福祉サービスについては、サービスの提供体制を計画的に確保するため、都道府県及び市町村が障害福祉計画を策定し、サービスの種類ごとの必要な量の見込みや提供体制の確保に係る目標等を策定。

具体的内容

【基本指針】
○　厚生労働大臣は、障害児通所・入所支援、障害児相談支援の提供体制の整備や円滑な実施を確保するための基本的な指針を定める。
【障害児福祉計画】
○　市町村・都道府県は、基本指針に即して、障害児福祉計画を策定する。
（市町村障害児福祉計画）
・障害児通所支援や障害児相談支援の提供体制の確保に係る目標に関する事項
・各年度の自治体が指定する障害児通所支援や障害児相談支援の種類ごとの必要な量の見込み
（都道府県障害児福祉計画）
・障害児通所・入所支援、障害児相談支援の提供体制の確保に係る目標に関する事項
・都道府県が定める区域ごとに、当該区域における各年度の自治体が指定する障害児通所支援や障害児相談支援の種類ごとの必要な量の見込み
・各年度の障害児入所施設の必要入所定員総数
※上記の基本指針、市町村障害児福祉計画、都道府県障害児福祉計画は、障害者総合支援法に基づく基本指針、市町村障害福祉計画、都道府県障害福祉計画と一体のものとして策定することができる。

○　放課後等デイサービス等の障害児通所支援や障害児入所支援については、都道府県障害児福祉計画の達成に支障を生ずるおそれがあると認めるとき（計画に定めるサービスの必要な量に達している場合等）、都道府県は事業所等の指定をしないことができる。

出所）https://www.mhlw.go.jp/file/05-Shingikai-12601000-Seisakutoukatsukan-Sanjikanshitsu_Shakaihoshoutantou/0000128863.pdf（2021年3月30日閲覧）

援及び障害児相談支援の円滑な実施に関する計画を定める」ものとされた。

　なお，障害児福祉計画は，障害福祉計画と一体のものとして作成することができるとしている。

　障害者（児）の地域生活を支援するためのサービス基盤整備等に係る令和2年度末の数値目標を設定するとともに，障害福祉サービス等（障害福祉サービス，相談支援並びに市町村および都道府県の地域生活支援事業）および障害児通所支援等（障害児通所支援および障害児入所支援並びに障害児相談支援）を提供するための体制の確保が計画的に図られるようにすることを目的としている。
基本理念は，以下のとおりである。

① 　障害者等の自己決定の尊重と意思決定の支援
② 　市町村を基本とした身近な実施主体と障害種別によらない一元的な障害福祉サービスの実施等
③ 　入所等から地域生活移行への移行，地域生活の継続の支援，就労支援等の課題に対応したサービス提供体制の整備
④ 　地域共生社会の実現に向けた取組
⑤ 　障害児の健やかな育成のための発達支援

5．障害児への支援サービス

　障害児を対象とした施設・事業は，施設入所等は児童福祉法，児童デイサービス等の事業関係は障害者自立支援法，重症心身障害児（者）通園事業は予算事業として実施されてきたが，2012（平成24）年4月より児童福祉法に根拠規定が一本化され，体系も再編された。

　障害児への支援サービスは，児童福祉法に基づくサービス，障害者総合支援法に基づくサービスおよびその他のサービスに分かれており，サービスごとに，利用できる対象者が決められている。

（1）児童福祉法（昭22.12.12法律第164号）に基づくサービス

障害種別で分かれていた障害児施設は、通所による支援（「障害児通所支援（児童発達支援等）」、入所による支援（「障害児入所支援（障害児入所施設）」）の2つに大別された。

通所サービスの実施主体が平成24年より市町村に移行されたことにより、居宅サービスと通所サービスが一体的に利用できるようになった。

1）障害児入所支援

① 福祉型障害児入所施設

施設に入所させて、保護、日常生活の指導および自活に必要な知識技能の付与を行う必要があると認められる障害のある児童を対象に、保護、日常生活の指導、自活に必要な知識技能の付与等を行う。

② 医療型障害児入所施設

施設等に入所させて、保護、日常生活の指導、自活に必要な知識技能の付与および治療を行うことが必要と認められた自閉症児、肢体不自由児、重症心身障害児を対象に、医療型障害児入所施設又は、指定発達支援医療機関に入所する障害児に対して、保護、日常生活の指導、自活に必要な知識技能の付与および治療等を行う。

2）障害児通所支援

① 児童発達支援

療育の観点から集団療育および個別療育を行う必要があると認められる未就学の障害のある児童を通所させて、日常生活における適切な習慣を確立するための基本的な動作の指導、社会生活への適応性を高めるような知識技能の付与、集団生活への適応訓練などを行う。

② 医療型児童発達支援

上肢、下肢または体幹機能に障害があり、理学療法等の機能訓練や医療的管

理下での支援等が必要と認められた児童を通所させて，日常生活における適切な習慣を確立するための基本的な動作の指導，社会生活への適応性を高めるような知識技能の付与，集団生活への適応訓練などを行うことと併せて，理学療法等の訓練や医療的管理に基づいた支援を行う。

③　放課後等デイサービス

学校教育法に規定する学校（幼稚園，大学を除く）に就学しており，授業の終了後又は休業日に支援が必要と認められた障害のある児童に対して，学校通学中の障害のある児童を通所させて，放課後や夏休み等の長期休暇中において，生活能力向上のための訓練等を継続的に提供することにより，障害児の自立を促進するとともに，放課後等の居場所づくりを行う。

サービス内容として，学校授業終了後や休業日に生活能力の向上のために必要な訓練，社会との交流の促進など多様なメニューを設け，本人の希望を踏まえたサービス提供を行う。

自立した日常生活を営むために必要な訓練の例として，① 創作的活動，作業活動，② 地域交流の機会の提供，③ 余暇の提供，④ 学校との連携・協働による支援などがある。

④　居宅訪問型児童発達支援

重症心身障害児などの重度の障害児等であって，児童発達支援等の障害児通所支援を受けるために外出することが著しく困難な障害児に対して，重度の障害等により，児童発達支援，医療型児童発達支援又は放課後等デイサービスを受けるために外出することが著しく困難な児童等の居宅を訪問し，日常生活における基本的な動作の指導，知識技能の付与，集団生活へ適応するための訓練およびその他必要な支援を行う。

サービス内容は，日常生活における基本的な動作の指導，知識技能の付与および生活能力の向上のために必要な訓練を行う。

⑤　保育所等訪問支援

保育所，幼稚園，小学校，特別支援学校，認定こども園，その他児童が集団

生活を行う施設に通う障害のある児童あるいは通う予定の児童を対象に，その施設を訪問しての専門的支援が必要と認められた児童を対象に，訪問により，保育所等における集団生活の適応のための専門的な支援を提供し，保育所等の安定した利用促進を行う。

　保育所等に通う障害のある児童について，通い先の施設等を訪問し，障害のある児童および保育所等のスタッフに対し，集団生活に適応するための専門的な支援や支援方法等の指導等を行う。

　サービス内容は，専門スタッフが保育所等を訪問し，① 障害児本人に対する支援：集団生活適応のための訓練等，② 訪問先施設のスタッフに対する支援：支援方法等の指導等，③ 訪問は，障害のある児童の支援に関する知識および相当の経験をもつ児童指導員・保育士・理学療法士・作業療法士・心理担当職員等が担当し，専門的支援を行う。

3）障害児相談支援
①　障害児支援利用援助
　障害児通所支援の申請に係る支給決定前に，障害児支援利用計画案を作成し，支給決定後に，サービス事業者等との連絡調整等を行うとともに，障害児支援利用計画の作成を行う。
②　継続障害児支援利用援助
　支給決定されたサービス等の利用状況の検証（モニタリング）を行い，サービス事業者等との連絡調整などを行う。

（2）障害者総合支援法に基づくサービス
1）介護給付・居宅系サービス
①　居宅介護（ホームヘルプ）
　ホームヘルパーが，自宅を訪問して，入浴，排せつおよび食事等の介護，調理，洗濯および掃除等の家事並びに生活等に関する相談・助言その他の生活全

般にわたる援助を行う。

②　同行援護

視覚障害により，移動に著しい困難を有する障害者等が外出時において，当該障害者等に同行し，移動に必要な情報の提供や，移動の援護等，外出時に必要な援助を行う。

③　行動援護

知的障害や精神障害により，自分一人で行動することが著しく困難であって常時介護を要する障害者が受けることのできる支援である。主に，外出する際に，外出時の危険回避，外出の前後の着替えや移動中の介護，排せつおよび食事等の介護，その他行動する際に必要な援助を行う。

行動上著しい困難な障害者に対して，①行動する際に生じ得る危険を回避するために必要な援護，②外出時における移動中の介護，③排せつおよび食事等の介護，その他の行動する際に必要な援助を行う。

④　重度障害者等包括支援

常時介護が必要で，意思疎通が難しい障害者を対象に，サービス利用計画に基づいて，居宅介護その他の複数のサービスを包括的に提供する。

常時の介護が必要でコミュニケーションをとることが難しい障害者のうち，四肢麻痺や寝たきり状態の障害者および，知的障害・精神障害で行動することに困難が伴う障害者に対して，複数のサービスを組み合わせて包括的に支援する。

⑤　短期入所（ショートステイ）

自宅で介護をする人が病気の場合などに，障害者支援施設や児童福祉施設等に短期間入所を必要とする障害者等が当該施設に短期間入所し，入浴・排せつなどの介護を受けることができる。

障害者支援施設や児童福祉施設，または，その他の入浴・排せつおよび食事の介護その他の必要な支援を適切に行うことができる入所施設などにおいて，入浴，排せつ，食事，着替え，移動などの介助，見守りや，その他必要な支援

が受けられる。

　サービスを提供する事業所には，① 併設事業所：入所施設に併設された短期入所事業所，② 空床利用型事業所：入所施設の利用されていない居室を利用して行う，③ 単独型事業所：入所施設以外に設けられた短期入所専用の事業所の形態がある。

２）計画相談支援給付・障害児相談支援

　障害児相談支援は，障害児通所支援の給付決定に先立って障害児支援利用計画を作成する「障害児支援利用援助」および，通所支援開始後に「継続障害児支援利用援助」を行う。いずれも，障害児通所支援（児童発達支援，医療型児童発達支援，放課後等デイサービス，保育所等訪問支援）に関わる援助となる。

　①　障害児支援利用援助

　障害児通所支援の利用申請手続きにおいて，障害児の心身の状況や環境，障害児または保護者の意向などをふまえて「障害児支援利用計画案」の作成を行う。利用が決定した際は，サービス事業者等との連絡調整，決定内容に基づく「障害児支援利用計画」の作成を行う。

　②　継続障害児支援利用援助

　利用している障害児通所支援について，その内容が適切かどうか一定期間ごとにサービス等の利用状況の検証を行い，「障害児支援利用計画」の見直しを行います（モニタリング）。また，モニタリングの結果に基づき，計画の変更申請などを勧奨する。

　「障害児支援利用援助」は，通所給付決定の申請もしくは変更の申請を行う，障害のある児童の保護者が対象となり。「継続障害児支援利用援助」は障害児支援利用援助により「障害児支援利用計画」が作成された通所給付決定保護者となる。

3）その他

① 育成医療

育成医療は，身体に障害のある児童（18歳未満）が，その障害を除去・軽減する手術等の治療により確実に効果が期待できる児童の医療費の負担軽減を図る公費負担医療制度である。

② 補装具

補装具とは，障害のある児童が日常生活上において必要な移動や動作等を確保するために，身体の欠損または損なわれた身体機能を補完・代替する用具をいう。補装具の購入や修理に要した費用（基準額）から，所得に応じた自己負担額を差し引いた額を補装具費として市町村から支給される。

障害のある児童では，将来社会人として独立自活するための素地を育成・助長すること等を目的としての使用も期待されている。

③ 地域生活支援事業

市町村と都道府県が行うサービスであり，地域の特性や本人の状況に応じて，事業を計画的に実施される。市町村と都道府県が行う必須事業は下記（図表4

図表4-3　補装具

1. 義肢（義手，義足）
2. 装具（下肢，靴型，体幹，上肢）
3. 座位保持装置（姿勢保持機能付車いす，姿勢保持機能付電動車いす，その他）
4. 盲人安全つえ
5. 義眼
6. 眼鏡（矯正眼鏡，遮光眼鏡，コンタクトレンズ，弱視眼鏡）
7. 補聴器
8. 車いす
9. 電動車いす
10. 座位保持いす（障害児のみ）
11. 起立保持具（障害児のみ）
12. 歩行器
13. 頭部保持具（障害児のみ）
14. 排便補助具（障害児のみ）
15. 歩行補助つえ
16. 重度障害者用意思伝達装置

図表 4 － 4　地域生活支援事業

市区町村地域生活支援事業	都道府県地域生活支援事業
1．理解促進研修・啓発事業 2．自発的活動支援事業 3．相談支援事業 4．成年後見制度利用支援事業 5．成年後見制度法人後見支援事業 6．意思疎通支援事業 7．日常生活用具給付等事業 8．手話奉仕員養成研修事業 9．移動支援事業 10．地域活動支援センター機能強化事業	1．専門性の高い相談支援事業 2．専門性の高い意思疎通支援を行う者の養成研修事業 3．専門性の高い意思疎通支援を行う者の派遣事業 4．意思疎通支援を行う者の派遣に係る市区町村相互間の連絡調整事業 5．広域的な支援事業

－4）に示すとおりである。これら以外にもさまざまな事業が行われている。

4）その他・手当等

①　特別児童扶養手当

　精神又は身体に障害を有する児童について手当を支給することにより，これらの児童の福祉の増進を図ることを目的に手当が支給される。

　対象は，20歳未満で精神又は身体に障害を有する児童を家庭で監護，養育している父母等に支給される。支給月額は，令和2年度は，1級に該当する障害児1人につき52,500円，同じく2級に該当する障害児1人につき34,970円である。なお，受給者もしくはその配偶者又は扶養義務者の前年の所得が一定の額以上であるときは支給されない。

②　障害児福祉手当

　重度障害児に対して，その障害のため必要となる精神的，物質的な特別の負担の軽減の一助として手当を支給することにより，特別障害児の福祉の向上を図ることを目的に手当が支給される。

　対象は，20歳未満であって，政令で定める程度の重度の障害の状態にあるため，日常生活において常時の介護を必要とする程度の状態にある在宅の障害者で都道府県知事・市長および福祉事務所を管理する町村長の認定を受けた者に

対し，1 人につき月額14,880円（令和 2 年度）が支給される。特別障害者手当と同様に，受給者もしくはその配偶者又は扶養義務者の前年の所得が一定の額以上であるときは支給されない。

参考文献

https://www.mhlw.go.jp/file/05-Shingikai-12601000-Seisakutoukatsukan-Sanjikan-shitsu_Shakaihoshoutantou/0000128863.pdf（2021年 3 月30日閲覧）

https://www8.cao.go.jp/shougai/whitepaper/r02hakusho/zenbun/index-pdf.html（2021年 3 月30日閲覧）

京極高宣『障害福祉の父　糸賀一雄の思想と障害』ミネルヴァ書房，2014年

==（演習問題）==

① 　自分の住んでいる都道府県の障害児福祉計画を読んでみよう。

◇◇◇◇◇◇◇◇◇◇◇◇◇◇◇◇ ✽考えてみよう ◇◇◇◇◇◇◇◇◇◇◇◇◇◇◇◇

❶ 　障害のある子どもの発達段階・成長過程におけるサービス利用計画を立てる際のサービスについて整理してみよう。

❷ 　自分の住む市町村の障害児を支援する，医療・教育・労働関係機関との連携システムを整理してみよう。

◇◇◇◇◇◇◇◇◇◇◇◇◇◇◇◇◇◇◇◇◇◇◇◇◇◇◇◇◇◇◇◇◇◇◇◇◇◇

第5章　専門職の役割と連携・ネットワーキング

> 障害者が自分らしく地域生活を送るには，障害者のニーズとサービスの結合，社会資源の改善・開発が必要であり，多種多様な職種や機関間における連携やネットワークが不可欠である。障害者総合支援法では，障害者の自立システムの構築をめざし，施設・事業体系，事業の人員や運営基準を示している。
> ここでは，障害者総合福祉法における障害福祉サービス等に携わる専門職種の役割と，地域自立支援協議会をはじめ医療・教育・労働関係機関等の職種・機関間の連携やネットワーキングの必要性をみていく。

○━ キーワード　**相談支援専門員，サービス管理責任者，個別支援計画，居宅介護等従業者，協議会**

1．障害福祉支援制度とネットワーキング

（1）地域におけるネットワーキング

「ネットワーク」とは，『広辞苑　第7版』によると「多くの人や組織の幅広いつながり」とされており，「ネットワーキング」とは「市民活動・社会福祉活動・環境保護運動などをする市民同士が連携を形成しようとする運動」と説明されている。すなわち，障害福祉における「ネットワーキング」とは，「身体障害者（児），知的障害児（者），精神障害者などが自分らしく地域生活を送るための専門職，組織・機関，サービス・制度などがお互いつながり支援する活動やその過程」と解することができる（図表5−1）。

これによると，障害者が自分らしい生活を地域で送ろうとすると，さまざまなネットワークを活用することになる。たとえば図表5−1の①地域のネットワークでは，障害者自立支援制度（第3章，第4章参照）を利用するために，居住地である市町村（第6章参照）や施設（事業所）などと契約しそれらが提供す

118

図表 5 － 1　障害福祉におけるネットワーキング

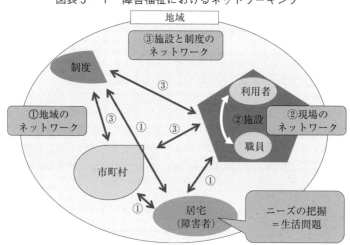

出所）筆者作成

るさまざまなサービスや給付，事業の提供あるいは地域のボランティアや社会資源の活用を受けることになる。また，② 現場のネットワークでは，① 地域のネットワークに沿ったサービスや給付，事業を実際に提供するさまざまな専門職から，具体的な支援を受けることになる。そして，それらを提供する専門職や施設（事業所）は，障害者総合支援法で規定される人員配置基準や運営基準に則って組織されることから，必要に応じて改正されるさまざまな制度を見据え，障害者の自立支援を前提に，基準に沿った人員配置や運営方法の見直しや修正する ③ 施設と制度のネットワークを進めることになる。

　以上のように，障害福祉におけるネットワーキングは，①～③ のネットワークが重層的に，複合的に張り巡らされ，総合的に，あるいは局所的に支援が行われることになる。

（2）制度間のネットワーキング
1）動的視点
障害者（児）に限らずすべて人間は，日常生活を送る中でさまざまな困難や

危機に遭遇し，それはいくら個人が気をつけていても避けられない場合が生じる。たとえば，いくら手洗いや消毒を心掛けていても新型コロナウィルスに感染するかもしれない。また，いくら真面目に働いていても，社会・経済状況が悪化し勤めている会社が倒産し，失業するかもしれない。一方，いくら交通ルールを守って道路の右側の歩道を歩いていたとしても，運転手の不注意で車が暴走し運悪く交通事故に遭遇して，自身が身体障害の状態になるかもしれない。これらの状況に直面した場合，医療や福祉に関するさまざまな制度が準備され，それらの支援をうけることになる。前述の最初の例であれば，保健・医療関係の制度が適用となり，具体的には感染症予防法による隔離政策とそれに基づく治療が実施される。次の例であれば，雇用保険制度が適用され，失業期間における生活費の保障や，新たな就職先を探すための当面の活動費，就職に向けた新たな知識や技術，資格取得を支援するための費用が補償される。また，3つ目の例であれば，第3章や第4章で述べたように，本人が人間らしい自立した生活を送ることができるよう，障害者総合支援法を中心とした障害者自立支援制度に基づきさまざまな保障がなされることになる。

　以上を踏まえたうえで，図表5－2についてみていく。これは，障害者（児）が生涯にわたって利用する制度の一例を挙げている。ここで強調したいのは，以下2点である。すなわち，① 年齢や遭遇した困難や危機の種類やその状況に

図表5－2　障害者（児）が生涯にわたって利用する制度（例）

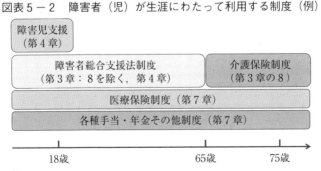

出所）筆者作成

よって，利用する制度は変化する，②利用する制度は常に1種類だけではなく複数の制度にわたって支援を受けるということである。まず，①の場合について考えてみる。図表5−2にある通り，第4章で述べているように，児童福祉法を中心に障害者総合支援法と一体的に支援がなされている。そして，18歳になると原則，児童福祉法の対象外（状況によっては，20歳まで可能）となるため，障害者総合支援法に基づき支援がなされることになる。そして，年齢を重ね65歳になると，第3章の8で述べたように，原則として介護保険サービスに係る保険給付が優先して行われることになる。次に，②の場合について考えてみる。すなわち，これらの支援対象となっている障害者（児）が前述の障害者騒動支援法制度のみ，介護保険制度のみを利用しているのはまれである。図表5−2にある通り，障害福祉を受けながら，障害状態の改善や緩和のための継続的な治療や他の病気や怪我を負った場合には，第7章で述べるように医療保険制度を併用して医療サービスを受けることになる。また，日常生活を送るための生活費や老後の資金の保障として，同じく第7章で述べるように年齢によって特別児童扶養手当などの各種手当てや公的年金制度や特別障害給付金の支給を受けることになる。

　以上①，②で示したように，障害者（児）が日常生活を送るためには，さまざまな制度のつながり（「制度間のネットワーキング」）が必要であり，それらを支援する専門職は障害者（児）に対しその時その時（年齢や生活状況）に個々の利用可能な制度の判断と選択するための知識を習得することはもちろんのこと，それらの制度が同時に利用可能か，すなわち，併給（同一人物に複数の制度からの給付が同時に行われること）が可能かなども理解する必要がある。

2）静的視点

　本章の最初で述べたように，障害福祉における「ネットワーキング」とは，「身体障害者（児），知的障害児（者），精神障害者などが自分らしく地域生活を送るための専門職，組織・機関，サービス・制度などがお互いつながり支援す

る活動やその過程」と定義した。つまり，障害者（児）が住み慣れた地域（たとえば，市町村や地区）で家族や親族，地域住民とともに生活することを意味する。このことは，障害者（児）に限らずすべての人にいえることである。以下，図表5－3は，ある地域の住民が制度を利用する要因に関する一例を示したものである。ここでいう地域住民とは，障害者（児），高齢者，児童，労働者，妊産婦である。彼ら（彼女ら）は，それぞれの生活環境や社会環境によってさまざまな問題（図表5－3吹き出し部分）を抱えている。たとえば，高齢者であれば加齢に伴う病気や怪我，介護に関する問題であるかもしれないし，児童であれば成長するうえでの教育の問題や養育の問題であるかもしれない。また，労働者であれば生活するうえでの所得保障の問題であったり長時間労働や過労死，失業などの労働問題であったりするかもしれない。加えて，妊産婦であれば妊娠中の健康診断などの医療支援，出産後の新生児や乳児の医療支援や子育て支援に関する問題であるかもしれない。

　以上のように，同じ地域で生活する人びとは，障害者（児）に限らずさまざまな問題を抱え，それに対応するためさまざまな制度（社会保障制度）を利用し

図表5－3　ある地域の住民が制度を利用する要因（例）

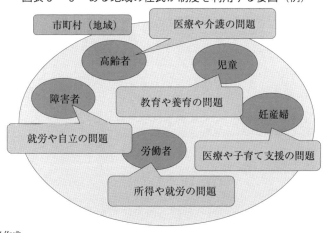

出所）筆者作成

ている。本章の 1 行目で述べたように，「障害者が自分らしく地域生活を送るには，障害者のニーズとサービスの結合，社会資源の改善・開発が必要」であることは，そのまま同じ生活をする人びとにも当てはめることができる。いい換えれば，同じ地域で生活するすべての人が，自分らしく安心した日常（地域）生活を送るうえで，必要に応じて地域内外にある社会資源を利用することになる。もちろん，障害者（児）に取って必要な社会資源の確保は必要であるが，地域の内外にある社会資源には限界（有限）であることも事実である。そこで，場合によっては改善・開発が必要になるのである。そのためには，一時点における多種多様な職種や機関間における連携やネットワークが不可欠である。

　以上の視点を前提として，以下で地域において必要な障害福祉に係る専門職の役割と連携・ネットワーキングの状況についてみていくことにする。

2．障害者総合支援法に基づく主な専門職

　障害者総合支援法　第42条第 2 項には，指定障害福祉サービス事業者などの「指定事業者等は，その提供する障害福祉サービスの質の評価を行うことその他の措置を講ずることにより，障害福祉サービスの質の向上に努めなければならない」とされ，また第51条の22第 2 項では，指定相談支援事業者について，同様の規定がおかれている。障害者総合支援法の指定事業所における障害福祉サービス等に携わる専門職種は，図表 5 － 4 に示すとおりである。それぞれの分野において，障害者の権利を擁護し，利用者のニーズを的確に把握し，支援計画を作成して，関係者が協同して支援する科学的な専門性が必要とされている。

（1）相談支援専門員

相談支援専門員は，障害者が地域で自立した生活を維持，継続するために障害者のニーズを把握し，サービス利用計画を作成し，その計画に沿って，地域の社会資源を活用，改善，開発することによって，総合的かつ効率的に継続し

図表5－4　主な事業と配置されている主な職種

事　　業	サービス管理責任者	サービス提供責任者	生活支援員	医師	看護職員	理学・作業療法士	世話人	職業指導員	就労支援員	就労定着支援員	地域移行支援員	地域生活移行支援員	管理者
居宅介護，重度訪問介護，同行援護および行動援護		○											○
療養介護	○		○	○	○								○
生活介護	○		○	○	○	○							○
重度障害者等包括支援		○											○
共同生活援助	○		○				○						○
自立訓練（機能訓練）	○		○										○
自立訓練（生活訓練）	○		○								○		○
就労移行支援	○		○					○	○				○
就労継続支援 A 型	○		○					○					○
就労継続支援 B 型	○		○					○					○
就労定着支援	○									○			○
自立生活援助	○											○	○

出所）障害者福祉研究会監『障害者総合支援法　事業者ハンドブック　指定基準編』中央法規，2018年

てサービスを提供できるよう調整を図り，またモニタリングを行い，障害者が希望する地域生活が実現できるよう支援することを主な役割とする。

　障害者が地域で自立した生活を送れるようにするため，包括的で効果的なサービスの提供をめざし，関係機関と調整を行うため，とくに地域自立支援協議会とのかかわりが重要となる。

　利用者が病院又は障害者支援施設等への入院又は入所を希望する場合は，病院又は障害者支援施設等への紹介その他の便宜の提供を行う。

1）相談支援専門員の要件

相談支援専門員には，障害特性や障害者の生活実態に関する詳細な知識と経験が必要であることから，① 障害者の保健・医療・福祉の分野における相談支援業務および介護などの直接支援業務，あるいは ② 障害者の就労，教育の分野における相談支援の実務経験を有し，都道府県が実施する「相談支援従事者研修」を受講することで，なることができる。

なお，相談支援専門員として勤務を続ける場合，5 年に 1 回以上，現任研修を受ける必要がある。

2）相談支援専門員の役割について

相談支援専門員は，「計画相談支援」におけるサービス等利用計画をケアマネジメントの手法を活用し，障害者のニーズや置かれている状況を勘案して，福祉，保健，医療，教育，就労，住宅等の総合的な視点から，地域での自立した生活を支えるために作成する役割がある。これは，市町村の支給決定プロセスにおいても，サービス等利用計画案の内容を参考にして支給決定を行い，また障害福祉サービスの支給決定後も，適切にサービスが提供されているかサービス等利用計画に基づいてモニタリングを行う（図表 5 - 5）。

サービス等利用計画は，各事業のサービス管理責任者が作成する個別支援計画を含んだ全体計画（トータルプラン）と位置づけられるが，基本相談における障害者相談支援専門員には，以下のような役割が求められる。

① 総合的な相談支援

総合的な相談支援は，地域の障害者が住み慣れた地域で安心してその人らしい生活を継続していくことができるためには，どのような支援が必要かを把握し，地域における適切なサービス，関係機関や制度の利用につなげる等の支援を行う。多くの場合，地域へ出向いて相談支援を実施するアウトリーチの手法を用いる。

一般的には，障害者本人の相談受付以前の情報提供や地域の現状・課題の把

図5－5　サービス利用手続のあり方

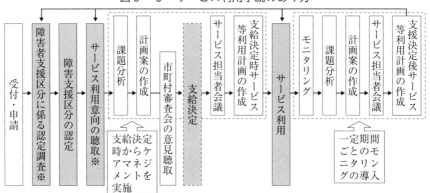

※相談支援事業者に委託できる。
出所）厚生労働省資料をもとに一部改変

握，相談受付後の相談内容の整理，危機介入，障害福祉サービス等についての
情報提供，行政・事業所・専門機関等の紹介，支援会議の開催，行政・事業所・
専門機関等との連絡調整，課題の解決のための助言および支援など，専門的，
かつ必要に応じた継続的な相談支援となる。そのためにも，関係者や関係機関
との連携やネットワークの構築，地域の障害者の状況や実態についてあらかじ
め把握しておく必要がある。

②　権利擁護支援

　権利擁護支援は，障害者本人や家族だけでは十分に課題解決がかなわず，適
切なサービス等につながる方法がみつからない等の困難な状況にある場合に，
地域で安心して尊厳のある生活を行うことができるよう，専門的・継続的な視
点から支援を行う。

　業務内容は，成年後見制度の活用促進，障害者支援施設等への措置の支援，
障害者虐待への対応，困難事例への対応，消費者被害の防止に関する諸制度の
活用支援など障害者の地域における生活の維持安定を図る相談支援となる。

　相談支援専門員は，必要に応じて，障害者虐待防止対策事業等を活用しなが
ら権利擁護支援を行う。

③　地域づくり

地域づくりは，障害者が住み慣れた地域で暮らすことができるよう，地域の関係機関との連携やさまざまな職種との多職種協働を図るとともに，ネットワークをつくっていく活動といえる。

業務内容は，地域における専門職のネットワークの構築，地域住民への障害理解のアクション，当事者および家族団体への関与と育成などの活動である。

相談支援専門員は，地域の協議会等を活用しながら支援体制を構築していくことが求められる。

④　その他

相談支援専門員は，さまざまな技法を活用して，障害者の地域における自立生活を支援し，地域生活の安定を図る業務を実施する。

業務内容は，カウンセリング（ピアカウンセリングを含む）による自己信頼能力の回復，SST（Social Skills Training：社会生活技能訓練）による社会生活技能の向上，ペアレントトレーニングによる障害受容プロセスの支援などがあげられる。

3）相談支援と相談支援事業

障害者総合支援法における「相談支援」は，2010（平成22）年12月成立，2012（平成24）年4月施行の改正障害者自立支援法により，基本相談支援，地域相談支援（地域移行支援・地域定着支援）および計画相談支援（サービス利用支援・継続サービス利用支援）から成る。「一般相談支援事業」は基本相談支援および地域相談支援のいずれも行う事業をいい，「特定相談支援事業」は，基本相談支援および計画相談支援のいずれも行う事業をいう。これら事業については，一定の資格を有する相談支援専門員の配置などの基準を満たせば，一般相談は都道府県が，特定相談は市町村が事業者指定を行う（図表5-6）。障害福祉サービス等の利用計画の作成は指定特定相談事業者が，地域生活への移行に向けた支援は，指定一般相談支援事業者が行うものとされている。

図表 5 − 6　相談支援事業の体系

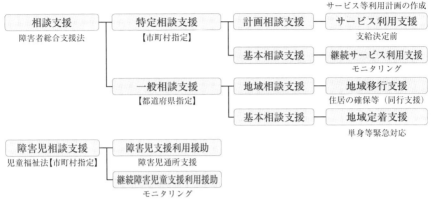

※障害児の居宅介護等障害者総合支援法のサービスは同法の利用支援で対応

　基本相談支援は，地域の障害者等の福祉に関する各般の問題につき，障害者等，障害児の保護者または障害者等の介護を行う者からの相談に応じ，必要な情報の提供および助言を行い，あわせてこれらの者と市町村および指定障害福祉サービス事業者等との連絡調整（サービス利用支援および継続サービス利用支援に関するものを除く）その他の厚生労働省令で定める便宜を総合的に供与することである。

　一方，計画相談支援は，障害者の心身の状況，その置かれている環境等を勘案し，利用する障害福祉サービスや地域相談支援の種類・内容等を定めたサービス等利用計画案を作成し，支給決定等が行われた後に，指定障害福祉サービス事業者等との連絡調整等を行うとともに，当該支給決定等の内容を反映したサービス等利用計画を作成すること（サービス利用支援）とサービス等利用計画が適切であるかどうかを一定期間ごとに検証し，その結果等を勘案してサービス等利用計画の見直しを行い，サービス等利用計画の変更等を行うこと（継続サービス利用支援）である。個別給付として相談支援専門員がサービス等利用計画（案）を作成すると報酬が支払われ，2012（平成24）年 4 月より，障害福祉サービスを利用しているすべての障害児・者にサービス等利用計画の作成が

128

義務づけられた。

① 基本相談支援

基本相談支援では，地域の障害者等からの相談全般に対して情報提供や助言を行う。また，権利擁護のために必要な援助なども行う。

② 地域相談支援

地域移行支援および地域定着支援の2種類があり，地域相談支援は指定一般相談支援事業所（都道府県，指定都市，中核市が指定）が実施する（図表5－7）。

③ 計画相談支援

計画相談支援給付は，サービス利用支援と継続サービス利用支援の2種類がある（図表5－8）。指定特定相談支援事業所（市町村が指定）が実施する。

図表5－7　地域相談支援の内容

サービス	内　　容
地域移行支援	障害者支援施設，精神科病院等に入所している障害者に対して，住居の確保やその他の地域における生活に移行するための活動に関する相談等を実施
地域定着支援	居宅において単身生活をする障害者等に対して，地域における生活を維持するために常時の連絡体制を確保し緊急時の支援や相談等を実施

図表5－8　計画相談支援の内容

サービス	内　　容
サービネ利用支援	障害者が各種サービスを申請，利用しようとする際に障害者の心身の状況，おかれている環境等を勘案し，利用する障害福祉サービス又は地域相談支援の種類，内容等を定めたサービス等利用計画案の作成，および支給決定後のサービス等利用計画の作成
継続サービス利用支援	作成したサービス等利用計画の内容が適切かどうか，定められた期間ごとにサービス等利用計画を見直し，必要に応じて計画の変更，関係者との連絡調整を行う。
なお，自身でサービス利用計画を作成（セルフプラン）することも可能であるが，その場合は継続サービス利用支援を利用したプランの見直しはできない。	

図表 5 − 9　障害者相談支援事業のイメージ

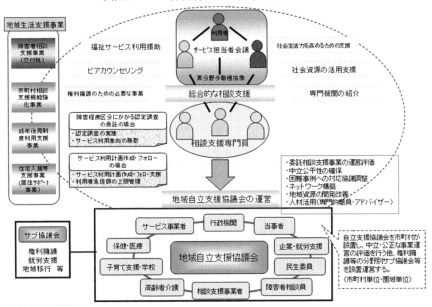

出所）厚生労働省
https://www.mhlw.go.jp/topics/bukyoku/syakai/z-fukushi/gyosei/gyousei04.html（2021年 3 月30日閲覧）

4 ）相談支援専門員の地域活動

　相談支援専門員は，障害を有する利用者の地域生活支援の地域連携を推進する役割も担っており，地域自立支援協議会とのかかわりは重要である。

　相談支援事業をはじめとする地域のシステムづくりの協議の場である地域自立支援協議会は，福祉サービス利用にかかる相談支援事業の中立・公平性の確保，困難事例への対応のあり方に関する協議・調整，地域の関係機関によるネットワーク構築等に向けた協議，障害福祉計画の作成・具体化に向けた協議等を行う（図表 5 − 9 ）。

　相談支援専門員は，困難事例の提供や，社会資源の開発等地域の関係者と連携を図りながら，専門職としての業務を行う。

（2）サービス管理責任者

サービス管理責任者は，療養介護，生活介護，共同生活援助，自立訓練，就労移行支援，就労継続支援Ａ型，就労継続支援Ｂ型，就労定着支援，自立生活援助に配置される職種で，利用者の個別支援計画を策定することが業務の中心となっている。

1）サービス管理責任者の要件

サービス管理責任者になる要件は，「指定障害福祉サービスの提供に係るサービス管理を行う者として厚生労働大臣が定めるもの等」に規定されている。この規定によると，相談支援業務などの実務経験が5年から10年が必要（実務経験の内容により異なるが，2年以上国家資格等による業務に従事していた場合は3年）であるほか，相談支援従事者初任者研修とあわせて，都道府県の実施するサービス管理責任者研修を受講することが必要となっている。

サービス管理責任者研修は，「サービス管理責任者の役割に関する講義」，「アセスメントやモニタリングの手法に関する講義」，「サービス提供プロセスの管理に関する演習」で構成される基礎研修とサービス管理責任者等実践研修で構成される。また，サービス管理責任者等更新研修として5年ごとに6時間程度の研修を受講する必要がある。

2）サービス管理責任者の責務

サービス管理責任者は，個々のサービス利用者の初期状態の把握や個別支援計画（療養介護計画，生活介護計画，共同生活援助計画，自立訓練（機能訓練）計画，自立訓練（生活訓練）計画，就労移行支援計画，就労継続支援Ａ型計画，就労継続支援Ｂ型計画，就労定着支援計画，自立生活援助計画）の作成，定期的な評価などの一連のサービス提供プロセス全般に関する責任を担い，サービスの質の向上を図るとともに，個々のサービス利用者の障害特性や生活実態に関する専門的な知識と，個別支援計画の作成　評価などの技術をもち，他のサービス提供職員

に対する指導的役割が期待されている。

3）質の高いサービスの提供とサービス管理責任者

　障害者総合支援法第42条第 2 項において，サービスを提供する事業者には，利用者のニーズに適合した質の高いサービスを提供することを義務づけている。

　質の高いサービスを提供するためには，各事業所にサービス管理責任者を配置して，サービス提供プロセスを管理する必要がある。この一連のプロセスは，Plan（計画）→　Do（実行）→　Check（評価）→　Action（改善）と呼ばれ，サービスをマネジメントする科学的方法であるとされる。一連のプロセスでは，障害者個々人のニーズを的確に把握して，それに基づいて到達目標を設定し，実際の支援を提供しながら，定期的にモニタリングを行い，必要であれば支援計画や支援内容などの修正・変更を行いながら支援していく形をとる。一定期間の支援が終了したところで全体評価を行い，次の支援につなげていく。このようなサービス提供の一連の流れを管理し，その結果について責任をもつのがサービス管理責任者である。

4）サービス管理責任者の役割

　サービス管理責任者の役割は，「障害者の日常生活及び社会生活を総合的に支援するための法律に基づく指定障害福祉サービスの事業等の人員，設備及び運営に関する基準」第58条に以下のように規定されている。

　① 指定療養介護事業所の管理者は，サービス管理責任者に指定療養介護に係る個別支援計画（以下この章において「療養介護計画」という）の作成に関する業務を担当させるものとする。

　② サービス管理責任者は，療養介護計画の作成に当たっては，適切な方法により，利用者について，その有する能力，その置かれている環境及び日常生活全般の状況等の評価を通じて利用者の希望する生活や課題等の把握

（以下この章において「アセスメント」という）を行い，利用者が自立した日常生活を営むことができるように支援する上での適切な支援内容の検討をしなければならない。

③ アセスメントに当たっては，利用者に面接して行わなければならない。この場合において，サービス管理責任者は，面接の趣旨を利用者に対して十分に説明し，理解を得なければならない。

④ サービス管理責任者は，アセスメント及び支援内容の検討結果に基づき，利用者及びその家族の生活に対する意向，総合的な支援の方針，生活全般の質を向上させるための課題，指定療養介護の目標及びその達成時期，指定療養介護を提供する上での留意事項等を記載した療養介護計画の原案を作成しなければならない。この場合において，当該指定療養介護事業所が提供する指定療養介護以外の保健医療サービス又はその他の福祉サービス等との連携も含めて療養介護計画の原案に位置づけるよう努めなければならない。

⑤ サービス管理責任者は，療養介護計画の作成に係る会議（利用者に対する指定療養介護の提供に当たる担当者等を招集して行う会議をいう）を開催し，前項に規定する療養介護計画の原案の内容について意見を求めるものとする。

⑥ サービス管理責任者は，第4項に規定する療養介護計画の原案の内容について利用者又はその家族に対して説明し，文書により利用者の同意を得なければならない。

⑦ サービス管理責任者は，療養介護計画を作成した際には，当該療養介護計画を利用者に交付しなければならない。

⑧ サービス管理責任者は，療養介護計画の作成後，療養介護計画の実施状況の把握（利用者についての継続的なアセスメントを含む。以下「モニタリング」という）を行うとともに，少なくとも6か月に1回以上，療養介護計画の見直しを行い，必要に応じて療養介護計画の変更を行うものとする。

⑨ サービス管理責任者は，モニタリングに当たっては，利用者及びその家族

等との連絡を継続的に行うこととし，特段の事情のない限り，次に定める
ところにより行わなければならない。

- 定期的に利用者に面接すること。
- 定期的にモニタリングの結果を記録すること。

⑩ 第 2 項から第 7 項までの規定は，第 8 項に規定する療養介護計画の変更に
ついて準用する。

　このように，サービス管理責任者の役割については，個別支援計画の作成や
個別支援計画の作成に関する会議の開催，計画に基づく一連のサービス提供の
プロセス管理のほかに，他の従業者に対する技術指導および助言を行うことが
ある。また，サービス管理責任者は，他の事業所や関係機関と連携やネットワー
クを構築して障害者の支援を行うことが重要である。

https://elaws.e-gov.go.jp/search/elawsSearch/elaws_search/lsg0500/
detail?lawId=418M60000100171#288（2021年 3 月30日閲覧）

（3）サービス提供責任者

　サービス提供責任者は，都道府県知事から指定を受けた居宅介護事業所，重
度訪問介護事業所，行動援護事業所，同行援護事業所，重度障害者等包括支援
事業所に配置され，利用者が居宅において自立した日常生活または社会生活を
営むことができるよう，当該利用者の身体その他の状況およびその置かれてい
る環境に応じて，さまざまな援助を適切かつ効果的に行うものとされている。

1 ）サービス提供責任者の業務

　「障害者の日常生活及び社会生活を総合的に支援するための法律に基づく指
定障害福祉サービスの事業等の人員，設備及び運営に関する基準」第25条では，
「指定居宅介護の提供に当たっては，居宅介護計画に基づき，利用者が日常生活
を営むのに必要な援助を行うこと」（第 1 号），「指定居宅介護の提供に当たって
は，介護技術の進歩に対応し，適切な介護技術をもってサービスの提供を行う

こと」（第3号）とされ，サービスが漫然かつ画一的に提供されることがないようにすることが謳われている。

　居宅介護事業所，重度訪問介護事業所，同行援護事業所，あるいは行動援護事業所のサービス提供責任者の業務では，① 利用者または障害児の保護者の日常生活全般の状況および希望等をふまえて，具体的なサービスの内容等を記載した利用計画を作成する，② 利用計画を作成した際は，利用者およびその同居の家族にその内容を説明するとともに，当該利用計画を交付する，③ 利用計画作成後においても，当該居宅介護計画の実施状況の把握を行い，必要に応じて当該利用計画の変更を行う，④ 指定サービス事業所に対する指定サービスの利用の申込みにかかる調整，従業者に対する技術指導等のサービスの内容の管理等を行うなどの業務を担っている。

　重度障害者等包括支援のサービス提供責任者の業務では，① 利用者または障害児の保護者の日常生活全般の状況および希望等をふまえて，週を単位として，具体的なサービスの内容等を記載した重度障害者等包括支援計画を作成する，② 重度障害者等包括支援計画を作成した際は，利用者およびその同居の家族にその内容を説明するとともに，その重度障害者等包括支援計画を交付する，③ 重度障害者等包括支援計画作成後においても，重度障害者等包括支援計画の実施状況を把握し，必要に応じて重度障害者等包括支援計画の変更を行うなどの業務を担っている。

2）　サービス提供責任者の役割

　居宅介護等事業の規模に応じて配置されるサービス提供責任者は，サービス提供体制の改善に向けて，居宅介護等従業者との連携と，利用者本人との協働のもとで次のような役割機能を担う。まず，サービス提供の仕組みを説明し，サービスの円滑な利用を促す役割がある（支援関係形成機能）。サービス利用にかかわる本人の意思確認が難しい場合や，不安感が強い場合などには，試行的利用によって体験的に理解を促すなどのはたらきかけが必要となる。また，生

活場面での具体的な支援内容を検討し，居宅介護等計画を作成する役割がある（サービス調整機能）。知的障害者や障害児への支援に際しては，過去から現在に至るまでの生活経験を見渡したうえで，生活経験や社会関係を広げる機会を日常生活のなかに織り込み，自立への意欲を導き出すような支援の組立てが求められる。

　さらに，同性介護にも配慮しながら，ニーズを充足することのできる居宅介護等従業者を選定し，両者の関係づくりを支援すること（マッチング機能）に加えて，苦情対応やリスクマネジメントなどを通して，居宅介護等従業者を支援・指導するスーパーバイザーとしての役割（ヘルパー支援機能）がある。なお，言語障害のために特定のヘルパーでなければコミュニケーションがとれないなどの理由により，本人が推薦したヘルパー（自薦ヘルパー）が事業者に登録されることもある。さらに，サービス等利用計画の作成を担当する相談支援専門員との連携や，医療的ニーズの大きい人への支援に際する医療職との連携など，関係機関と連携する役割（連携・協働機能）を有している。

　このように，本人の希望に見合うように支援内容を調整するサービス提供責任者は，支給時間や支援内容が限定されているなど，本人の選択を阻害するような制度上の課題に直面しやすい。居宅内における生活行為上の困難を解決するだけでは「居宅保護」にすぎず，地域社会や社会制度との接点で生じる課題を協議会などで提起し，社会資源の開発や制度の改善につなげていく役割も有する。

3）サービス提供責任者の実際

　介護保険法における指定訪問介護事業者は，障害者総合支援法の居宅介護等事業者の指定要件を満たすことから，両方を兼ねる事業者が多くみられる。一方，自立生活センターを運営する障害当事者団体の多くが居宅介護等事業者としての指定を受けている。介護ニーズを有する障害者が消費者としての視点をもちながらサービスのコーディネーションに関与することには，ピアサポート

とピアアドボカシーの側面があるとされ，その有効性が指摘されている。

　サービス提供責任者が役割を実践するうえでの課題として，居宅介護等従業者の慢性的な人材不足によって，サービスを十分に提供することができないという状況がみられ，人材確保にかかわる対策が要請されている。

　また，通学・通勤，入院時のニーズを含め，教育，労働，医療にまたがる制度の狭間のニーズを視野に入れたサービス提供のあり方が検討されなければならない。2018（平成30）年4月から，重度訪問介護が入院または入所中の病院等での利用ができるようになった。また，市町村地域生活支援促進事業に「重度訪問介護利用者の大学等の修学支援事業」が創設され，重度障害者が修学に必要な支援体制を大学等が構築できるまでの間，大学等への通学中や大学等の敷地内における身体介護等が利用できるようになった。

（4）生活支援員の役割

　障害者総合支援法では，障害を有する人が地域で自立した生活ができるように，必要な福祉サービス等を利用し，安心して暮らせる社会の実現をめざしている。効率かつ効果的に福祉サービスが利用できるよう，利用者のニーズに基づく個別支援計画は重要となる。

　生活支援員は，支援を必要とする利用者の個別支援計画に沿って，利用者の食事・入浴・排泄・余暇活動などの生活に密着した支援にかかわる専門職である。生活介護・施設入所支援・共同生活援助など多くの事業所に配置され，効率かつ効果的な福祉サービス利用を推進するうえで重要な役割を果たしている。

1）生活支援員の役割

　生活支援員は，支援を必要とする利用者に対して立案された個別支援計画に沿って，食事・入浴・排せつ・余暇活動などの生活支援に中心的にかかわる専門職である。

①　利用者主体によるサービス提供（説明と同意）

家族のニーズやサービス提供者の都合等を優先してサービスが提供されることもあった措置制度（行政処分）とは異なり，生活支援員にはサービス提供場面において，利用者ニーズを中心においた支援が求められる。また個別支援計画でのサービスの提供方法や責任について明確にし，説明と同意を前提とした仕組みとなっている。

②　サービス管理責任者との協働

障害者総合支援法において，生活支援員は事業所全体の掌握するサービス管理責任者と協働し，質の高いサービスを提供することが責務とされている。サービス管理責任者は，サービス提供を行う職員に対して指示命令機能を中心とした役割として位置づけられている。

生活支援員は日々の業務のなかで，充足されにくいニーズなどを整理し，関係者全員に共有化していくような責務を負うことになる。生活支援員や専門職，家族，ボランティアなどと，当事者に近いレベルで，工夫し対応できることと，サービス管理責任者を通じ，事業所全体やその地域全体をも巻き込んで（地域自立支援協議会等），当事者から少し離れた場面で解決していく事柄なのか，判断し報告できる知識や技術を，兼ね備えておく必要がある。

2）サービス管理責任者との協働

障害者総合支援法において生活支援員は，サービス管理責任者と協働し，質の高いサービス提供を行う責務がある。小規模な事業所では，管理者がサービス管理責任者を兼務することも想定されており，求められている役割は違っているが，重なっている部分も多い。事業所管理者は，職員の人事管理を中心にして，事業所全体の掌握を役割として位置づけられ，サービス管理責任者は，サービス提供を行う職員に対しての指示命令機能を中心とした役割として位置づけられている。したがって，その役割を担う職員は別々でも兼務でも，サービス向上のためには，とても重要で，表裏一体だと考えられる。

　たとえば，支援が必要な人びとのニーズは千差万別で，すべてのニーズを一人の生活支援員だけで充足させることは不可能である。そこで，個別支援会議により，役割を明確にし，多くの人びとがさまざまな支援を行い，計画性や継続性をもって対応することとなる。しかし，現実にはそれだけでは充足しきれないニーズが多くあり，事業所全体で計画的に取り組み，予算措置が必要な場合や事業所外に呼びかけて，個人のニーズを地域の課題にまで広げて支援していくことが必要となってくる。

　その結果，生活支援員は日頃からの業務のなかで，満たされにくいニーズを整理し，関係者全員で共有化していくような責務を負うことになる。そして，生活支援員や専門職，家族，ボランティアなどと，当事者に近いレベルで，工夫し対応できる事柄なのか，あるいは，サービス管理責任者を通じ，事業所全体やその地域全体をも巻き込んで（協議会等），当事者から少し離れた場面で解決していく事柄なのかを判断し，報告できる知識や技術を兼ね備える必要がある。

（5）居宅介護等のサービス従業者の役割と実際

　入所施設や病院からの地域移行を推し進めるための中核的な支援として，ホームヘルプサービスやガイドヘルプサービスがある。従来，障害種別によって異なる仕組みで提供されてきたが，障害者総合支援法の施行にともない，障害児も含めて一元化され，介護給付のひとつとして再編成された。サービス類型，利用者およびサービス内容などは図表5−4のとおりである。実際に支援を行う従業者は，サービスの類型によって居宅介護従業者，重度訪問介護従業者，行動援護従業者，移動支援従業者と称される。

1）居宅介護事業者の役割

　家族や施設から自立して地域社会で生活する障害を有する者にとって，居宅介護等のサービスは不可欠であり，その支援を居宅介護事業者が担う。居宅介護事業者の具体的な役割は，以下のとおりである。

① 家事援助や身体介護などによって日常生活を維持し，移動支援などによっ
　て社会生活の維持・拡張を図ることである（支援の継続性）。

② 生活行為の意味づけは個別であり，たとえ，他者との間に共通点を見出す
　ことができたとしても，まったく同じ生活というものはあり得ない（支援
　の個別性）。

③ 本人による意味づけの集積として生活様式や生活行動が固有にかたどら
　れ，それらを維持しようとする支援は，本人の主体性によって方向づけら
　れる（支援の主体性）。

2）居宅介護事業者の実際

　居宅介護事業者には，利用者および障害児の意思および人格を尊重し，常に
利用者および障害児の立場に立ってサービスの提供を行う。事業の実施にあ
たっては，関係区市町村，地域の保健・医療サービスを提供する事業者との綿
密な連携を図り，総合的で適切な居宅介護の提供に努め，障害者総合支援法お
よび厚生労働大臣が定める運営基準その他関係法令等を遵守し，事業を実施す
ることが規定されている。これらに基づき，利用者の心身その他の状況，その
置かれている環境等に応じて，その有する能力に応じ自立した日常生活を営む
ことができるよう，入浴，排せつおよび食事等の介護，調理，洗濯および掃除
等の家事，生活等に関する相談および助言，行動する際に生ずる危険を回避す
るために必要な援護並びに外出時における移動の介護その他生活全般にわたる
援助を行う。個々の生活場面において，利用者本人の意思を尊重することが求
められるため意思疎通に困難を伴う重度の知的障害者への支援においても長い
かかわりのなかで形成される関係性をもとに，感受性や身体感覚を駆使しなが
ら本人の生活世界に近づこうとする他者理解の技法が要求される。

3．他職種連携・ネットワーキング

　障害を有する者が地域で自分らしい生活を実現するためには，それぞれの暮らしに合わせた支援体制や多様な生活ニーズへの対応と，地域に点在する支援機関が連携して支援する仕組み（地域ケアシステム）が必要である。病院や施設生活のように，すべての生活支援がひとつの機関で完結することは少なく，しかも乳幼児期，学齢期，成人期，高齢期まで幅広いライフステージにおいて，それぞれの状況のなかで暮らしを成り立たせている現状に合わせた支援が求められる。福祉的支援に加え，医療的支援（治療，リハビリテーション等），療育・教育，就労，子育て支援も含め，ライフステージにおける一貫した支援体制の構築が求められており，地域に存在する支援機関が積み上げた支援の実践ノウハウを伝達し，断続しない，継続的な支援を提供できる連携が必要とされている。個別支援会議やサービス担当者会議などを通して，障害者の多様なニーズに応じた社会資源の調整や開発を行う相談支援事業の充実，相談支援体制の構築が必要である。

（1）他職種連携の意義と基本的な考え方

　「障害の有無にかかわらず国民が相互に人格と個性を尊重し安心して暮らすことのできる地域社会の実現に寄与することを目的とする」とし，ノーマライゼーションの理念に基づき，障害のある人が普通に暮らせる地域づくりをめざしており，障害者のニーズを充足すべく，地域のさまざまな関係者による連携やネットワークの構築が求められている。

　地域生活の支援には，複数のサービスを適切に結びつけて調整するとともに，社会資源の改善および開発を行い，相談支援を通して個別支援計画を作成し，その達成目標に向かって質の高い福祉サービスを提供することが課題となる。これらに携わる者は，協働の場である地域自立支援協議会を中心に，個別支援

会議で明らかになる一人ひとりのニーズを地域の課題としてとらえ，支援を実施していくことが重要となる。

　発達障害者支援法において規定されていた発達障害者の地域における一貫した支援についても，他の障害者同様に障害者総合支援法第 3 条第 2 項に規定され，障害者の状況に応じて適切に，就学前の発達支援，学校における発達支援，その他の発達支援，発達障害者に対する就労支援，地域における生活等に関する支援および発達障害者の家族に対する支援を効果的・継続的に一貫して行うことになっている。

（2）他職種連携の実際

　生活支援には，就労支援や日中活動支援（職業訓練・機能訓練・生きがい活動等），生活支援（衣食住，余暇，外出・移動，社会参加，介護支援等），財産管理支援（日常金銭管理，財産管理等），相談支援（サービス利用，困りごと，不安等への助言），その他の支援等が準備されている。しかし障害を有する者が地域で生活するにあたり，その生活スタイルには，自宅で家族と暮らす，アパートでのひとり暮らし，グループホーム・ケアホームでの暮らし，入所施設から地域の活動場所に通う等，一人ひとりの生活スタイルや暮らしのありようはさまざまである。このため障害者総合支援法第 3 条第 4 項では，医療，保健，福祉，教育，労働などの分野を横断的に，かつ関係者や関係機関との連携やさらに複合的な連携としてのネットワークの構築が求められている。その代表的なものは，サービス担当者会議，地域自立支援協議会である。

1）サービス利用時における連携（サービス担当者会議）

　介護給付などの支給決定後，市町村または相談支援事業者は，利用者の希望に応じてサービス利用計画（案）を作成する。そのサービス利用計画（案）に基づき，サービス提供事業所の選定やサービス利用のための連絡調整を行い，利用者に最も適切なサービスが提供されるようにサービス担当者会議を開催する。

　サービス担当者会議の目的は，サービス利用計画（案）の内容に対する協議と共有化，サービス利用のモニタリング等である。

　サービス担当者会議の開催は，サービス利用計画の作成段階のみならず，サービス利用計画の初期におけるモニタリング（サービス導入時）段階，継続的モニタリング（サービスの見直し）の段階など，利用者の課題解決に際して重要な役割を果たす。

2）障害者福祉関連分野における連携（地域自立支援協議会）

　障害を有する者等の地域生活を支援していくには，共通目的の達成に向け，情報を共有し，具体的に協働して，地域の関係者によるネットワークを構築することが重要である。障害者福祉関連分野における連携において，地域自立支援協議会は，その中心的な役割が期待されている。

　①　共通目的

　法がめざす「障害のある人が普通に暮らせる地域づくり」について，全員が共通認識をもちながら参加することが必要となる。

　②　情報の共有

　地域の実態や課題等の情報を集約し全員が共有する。地域の実態や課題等を把握し，個別支援会議を地域自立支援協議会の原点として位置づけることが必要である。

　③　具体的に協働

　参加者が抱える実際のケースや地域の課題をもち寄り（個別支援会議が重要），制度や誰かに依存するのではなく，関係者全員が自らの課題として受けとめてともに解決し，自分の所では何ができるのか，一歩でも前進しようという立場で協働していくことが必要で，従来の陳情・要求スタイルからの脱却を図り，共通の目的に向け具体的に協働していくことが重要である。

　④　地域の関係者によるネットワークの構築

　・利用者が抱えるさまざまなニーズへの対応には，保健，医療，福祉，教育，

就労等の多分野・多職種による多様な支援を一体的かつ継続的に用意することが必要となる。

・官と民が協働するシステムを構築する必要がある。

・ネットワークは，支援を必要としている障害者等のために行われる。

1事業所だけでは用意できる支援に限界があるため，ネットワークは必要不可欠である。

3）地域生活移行と連携

障害者総合支援法は，障害者が地域で安心して生活することができる地域社会の実現をめざしており，従来の24時間ケア型の入所施設や病院から，地域のグループホームやケアホーム等への生活移行が求められている。

障害者総合支援法第88・89条は，都道府県や市町村に障害福祉計画の作成を義務づけており，都道府県や市町村の障害福祉計画の作成にあたっては国の指針に基づいて行われている。

日中活動，余暇活動など支援が充足される傾向にあった施設では，施設内という特定の場所で，施設の職員という特定の人による支援が同一事業者あるいは単独の事業所で行われてきたが，地域における生活支援は，夜間・日中活動・余暇等その他の複数のサービスが調整されて提供される必要がある。障害者の望む生活の実現に向け，複数のニーズを調整し，複数のサービス事業者を集め

図表5-10　障害者の地域生活移行とは

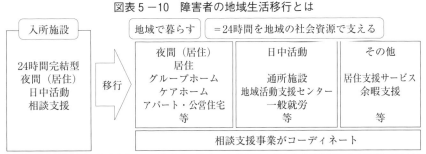

出所）『新・社会福祉士養成講座14　障害者に対する支援と障害者自立支援制度』中央法規，2019年

て，場合によるとインフォーマルなサービスを含めてパッケージとしてサービスを継続的に提供するためには連携やネットワークが必要となる。とくに地域生活移行に際しては，障害者にとって生活の環境が変化することであり，十分に配慮された移行計画が必要であり，居住する地域の関係者との調整や連携が必要となる。

（3）医療・教育・労働関係機関との連携

　障害を有する利用者に医療，保健，福祉，教育，労働等の各機関が一貫した支援を行うには関係機関との連携が必要不可欠である。

1）福祉と医療の連携

　2004（平成16）年9月に精神保健福祉対策本部が取りまとめた「精神保健医療福祉の改革ビジョン」では，「入院医療中心から地域生活中心へ」改革を進めるため，国民の理解の深化，精神医療の改革，地域生活支援の強化を10年間で進めること，さらに「受入条件が整えば退院可能な者」7万人について10年後の解消を図ることなどの基本的な方針が示され，精神障害者の地域移行への取り組みが始まった。同改革ビジョンにおいて，受入条件が整えば退院可能な精神障害者については，精神病床の機能分化・地域生活支援体制の強化等，立ち後れた精神保健医療福祉体系の再編と基盤強化を全体的に進めることにより，10年後の解消を図ることとされている。こうした流れのなかで，退院可能精神障害者については，医療計画の見直し，障害者自立支援法（現・障害者の日常生活及び社会生活を総合的に支援するための法律（障害者総合支援法））等において一定の対応がなされてきた。「第5期障害福祉計画等に係る国の基本指針の見直しについて」では，成果目標の一つとして，精神障害にも対応した地域包括ケアシステムの構築を掲げている。

　精神障害者退院促進支援事業は，精神科病院に入院している精神障害者のうち症状が安定している退院可能精神障害者に対し，活動の場を与え退院の訓練

図表 5 −11　精神障害者地域移行・地域定着支援事業の流れ（イメージ）

ここにお示ししているのは、事業の基本的なイメージであり、地域の状況に応じて関係機関の役割等は異なるものである。

退院

【支援準備期】	【支援中期】	【退院準備期】	【フォロー期】	【地域生活定着期】
○事業の周知（利用者・家族等） ○対象者の選定 ○支援計画作成	○関係機関の調整 ○院外活動への同行支援	○障害福祉サービス等の調整 ○外泊・宿泊体験の積み重ね ○日中活動施設体験利用	○地域生活定着に係る支援・調整 *最初は手厚く徐々に自立* ○各種サービスの利用状況の把握	○地域生活継続に係る支援調整 ○ナチュラルサポート ○事業の終結

精神科病院　地域移行に向けた支援(リハビリ、服薬指導等)　　通院、デイケア、訪問看護

地域移行推進員(当事者含む)による入院患者への支援　　徐々に地域の支援者にバトンタッチ

連携　【地域移行推進員】　就労等日中活動の体験利用の積み重ね　　日中活動サービスの利用　居宅サービス(ホームヘルプ等)

【障害福祉サービス事業者等】　外泊・宿泊体験の積み重ね(自宅・アパート・グループホーム等)　　住まいの場の確保(自宅・アパート・グループホーム等)

地域体制整備コーディネーター　地域移行・地域定着に必要な体制整備の総合調整　・病院・施設への働きかけ　・必要な事業・資源の点検・開発に関する助言、指導　・複数圏域にまたがる課題の解決に関する助言　等　　入院中からの顔あわせ　退院後のケアマネジメント

相談支援専門員等

連携

関係機関の関与　【自治体関係機関】【労働関係機関】
・**市町村**【制度利用(生活保護、医療費助成)福祉サービス等】
・**地域自立支援協議会・地域移行部会等**
　困難事例への対応の在り方に対する協議・調整、障害福祉サービスの提供・開発・調整
・**保健所**自立支援協議会への参画:地域移行体制整備コーディネーターの委嘱等

出所）http://www.dinf.ne.jp/doc/japanese/prdl/jsrd/norma/n345/n345004_01.html（2021年 3 月30日閲覧）

を行うことにより社会自立を促進することを目的として平成15年度から開始され，この事業を引き継ぐ形で，平成20年度から精神障害者の地域移行に必要な体制の総合調整役を担う地域体制整備コーディネーターや利用対象者の個別支援等にあたる地域移行推進員の配置を柱とした精神障害者地域移行支援特別対策事業が始まり，平成22年度からは，精神障害者地域移行・地域定着支援事業として展開されている。また平成24年度からは，障害者自立支援法（現・障害者総合支援法）に基づく地域移行支援および地域定着支援（地域相談支援）として個別給付が行われている（図表 5 −11）。

2 ）福祉と雇用の連携

　障害を有する利用者が地域で自立して生活するためには，一般企業等で就労

146

することも重要な要素であるものの，充分な支援サービスの連携が構築されて
きたとはいいがたく，福祉施設から一般就労へ移行する者は毎年１％という状
態である。障害者総合支援法では，施設・事業の体系を見直し，障害者のニー
ズや通性に合わせて，はたらく意欲と能力を育み，雇用に繋げていくため就労
移行支援事業が創設された。

　就労移行支援事業では，福祉と雇用がネットワークを構築し，障害者のニー
ズと通性に合った就労支援を行うことになっている。障害者就労・生活支援セ
ンター事業は，支援対象者からの相談に応じ，必要な指導および助言を行い，
公共職業安定所，地域職業センター，障害者雇用支援センター，社会福祉施設，
医療施設，特別支援学校その他の関係機関との連携調整その他厚生労働省令で
定める援助を行うこととなっている。公共職業安定所との連絡調整においては，
休職中の支援対象障害者が公共職業安定所の職業紹介等を受けようとする際
に，自らの状況や就職に関する希望等，適切に職業紹介を受けるために必要な

図表 5 −12　福祉と雇用の連携による就労支援

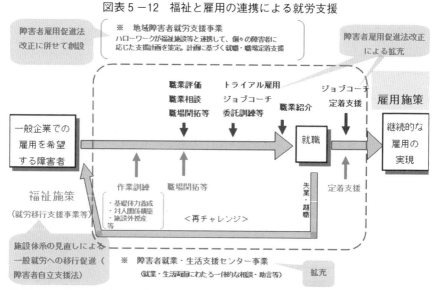

出所）https://www.mhlw.go.jp/bunya/shougaihoken/jiritsushienhou01/index.htm（2021年 3 月30日
　　　閲覧）

事項について公共職業安定所の職員に対して伝えることが困難な場合，センターで把握している内容を情報提供する等，公共職業安定所とのコミュニケーションに必要な支援を行っている。

3）福祉と教育の連携

2003（平成15）年 3 月「今後の特別支援教育の在り方について（最終報告）」では，「障害の程度等に応じ特別の場で指導を行う『特殊教育』から障害のある児童生徒一人ひとりの教育的ニーズに応じて適切な教育的支援を行う『特別支援教育』への転換を図る」とされている。これまで特殊教育の対象でなかったLD，ADHD，高機能自閉症も含めて支援するものとされている。

発達障害児（者）の地域における一貫した支援や医療，保健，福祉，教育及

図表 5 － 13　発達障害者支援体制整備事業

発達障害者の乳幼児期から成人期までの各ライフステージに対応する一貫した支援を行うため、都道府県・指定都市に発達障害の検討委員会を設置するとともに、圏域において個別支援計画の作成等を行うことにより、支援の体制整備を構築する。
さらに、個別支援計画の作成等の実施状況調査及び評価を行い、支援体制が進んでいない市町村に対しては適切な助言等を行うことにより、市町村の意識付けを強化し、個別支援計画の作成を含む支援体制の充実を図る。

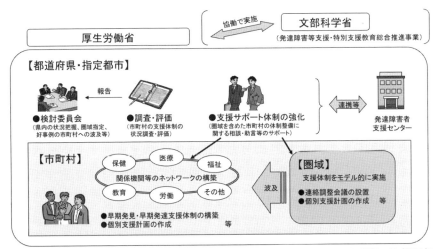

出所）https://www.mhlw.go.jp/topics/2009/02/tp0226-1/dl_11syougai/11syougaia_0031.pdf（2021年 3 月30日閲覧）

び労働の連携をめざす発達障害者支援法が2005（平成17）年4月より施行されているものの，地域での一貫した支援体制づくりが課題となっている。平成17年度から発達障害者の乳幼児期から成人期までの各ライフステージに対応する一貫した支援を行うため，都道府県・指定都市に発達障害の検討委員会を設置するとともに，圏域において個別支援計画の作成などを行うことにより，支援の体制整備をする。文部科学省の「特別支援教育総合推進事業」と協働して実施されており，都道府県や障害福祉圏域や市町村においても，福祉と教育など関係機関の連携の体制が構築されてきている（図表5－13）。

（4）地域自立支援協議会の役割と活動の実際

　地域の相談支援体制の構築に関して中核的な役割を担う地域自立支援協議会は，障害者総合支援法施行規則第65条において，「…訪問等の方法による障害者等，障害児の保護者又は介護者に係る状況の把握，必要な情報の提供及び助言並びに相談及び指導，障害者等，障害児の保護者又は介護者と市町村，指定障害福祉サービス事業者等，医療機関等との連絡調整，地域における障害福祉に関する関係者による連携及び支援の体制に関する協議を行うための会議の設置その他の障害者等，障害児の保護者又は介護者に必要な支援とする」と明記され，その運営と活動が期待されている。

1）地域自立支援協議会の機能

　地域自立支援協議会には，①情報機能（困難事例や地域の現状・課題などの情報共有と情報発信），②調整機能（地域の関係機関によるネットワーク構築，困難事例への対応のあり方に対する協議，調整），③開発機能（地域の社会資源の開発，改善），④教育機能（構成員の資質向上の場として活用），⑤権利擁護機能（権利擁護に関する取り組みの展開），⑥評価機能（中立・公平性の観点から，委託相談支援事業者の運営評価，サービス利用作成費対象者，重度包括支援事業などの評価，市町村相談支援機能強化事業および都道府県相談支援体制整備事業の活用）の6つの機

図表 5 −14　地域における支援体制

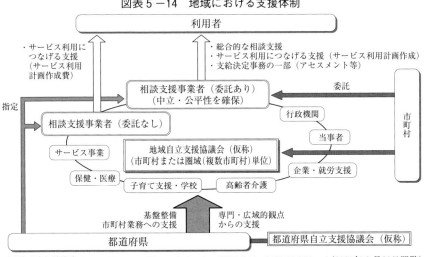

出所）厚生労働省 https://www.mhlw.go.jp/topics/2005/04/tp0428-1f/07.html（2021年 3 月30日閲覧）

能がある。

　これらの機能を活かして，地域自立支援協議会は，① 中立・公平性を確保する観点から，相談支援事業の運営評価などの実施，② 具体的な困難事例への対応のあり方についての指導・助言，① 地域の関係機関によるネットワークの構築などの役割があり，市町村の人口規模や地域の実情，社会資源の状況に応じて，重層的に組織化されることが望まれている。

2）地域自立支援協議会の役割

　地域自立支援協議会は，① 個別支援会議，② 事務局会議，③ 定例会議，④ 専門部会・プロジェクト検討会，⑤ 全体会議，で構成される重層的なシステムにより，障害を有する者一人ひとりが安心して暮らせる地域づくりをめざしており，サービス担当者会議などの個別支援会議が重要な役割を果たす。

　個別支援会議は，障害をもつひとりの市民の地域生活支援に関して，サービス担当者や関係機関がそれぞれの役割などを協議し，障害者の実態や地域の課題，ニーズなどを明らかにしていく（地域診断）。そうした地域の課題やニーズ

図表 5－15地域自立支援協議会システム図

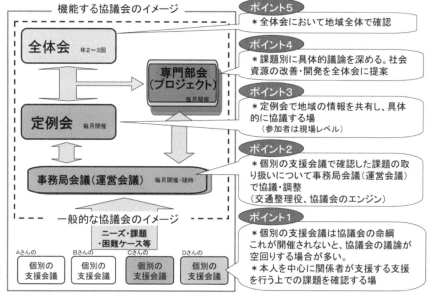

出所）http://www.normanet.ne.jp/~ww100006/management-manual-all.pdf（2021年 3 月30日閲覧）

を，地域自立支援協議会の定例会で報告し，専門部会などで分析することで，個別の課題を地域の課題として位置づける。

　定例会は実務者レベルの会議であり，相談支援事業者による個別支援会議の報告や相談支援事業の活動内容などの報告を中心に，地域に住む障害者の実態や現状，および地域の現状や課題などに関する情報を共有し協議する。

　専門部会では，地域の課題の特性ごとに議論を深める。具体的には，障害別，課題別（住居，就労，地域移行など），地域別等の課題特性に応じて設置するものである。全体会は各関係機関や団体の代表者レベルの会議であり，定例会や専門部会などからの報告を受け，地域の課題に関して，政策提言などを協議する場である。

　このような地域自立支援協議会の個別支援会議，定例会，専門部会，全体会

などがうまく進行・運営できるか否かは，事務局会議の協議によるところが大きい。事務局は，市町村のほか，指定相談支援事業者が担当できるが，個別支援会議や相談支援事業者の活動や報告をもとに，地域の課題を集約し，整理・分析する役割や，各会議の内容を，それぞれの部会で共有する役割，会議の開催や運営を担当する役割などを担うことになる。そのため，事務局がいかに全体を見渡し，それぞれの部会を有機的につなげていくかが地域自立支援協議会の要になるといえる。

　地域自立支援協議会の目的は何か，各会議や部会の目的は何か，その達成のために何が可能かを確認しながら，継続していくことが求められる。

参考文献

日本ソーシャルワーク教育学校連盟編『最新 社会福祉士養成講座 精神保健福祉士養成講座 8 障害者福祉』中央法規，2021年

福祉臨床シリーズ編集委員会編『社会福祉士シリーズ14 障害者に対する支援と障害者自立支援制度—障害者福祉制度障害者福祉サービス第4』弘文堂，2018年

内閣府『平成30年版 障害者白書』2018年
https://www8.cao.go.jp/shougai/whitepaper/h30hakusho/zenbun/index-pdf.html（2021年3月30日閲覧）

京極高宣・全国社会福祉協議会編『障害者自立支援法の解説』全国社会福祉協議会，2005年

曽根直樹「相談支援，地域生活支援事業，地域自立支援協議会」『発達障害研究』第29巻3号，日本発達障害学会，2007年

野中由彦「就労支援における地域障害者職業センターの役割」『地域リハビリテーション』2巻9号，三輪書店，2007年，pp.755-757

読者のための参考図書

相澤譲治『新・ともに学ぶ障害者福祉－ハンディをもつ人の自立支援に向けて－（改訂版）』みらい，2005年
　障害者福祉に関する基本事項がわかりやすい形で提示されている。障害者福祉におけるアクティビティについても説明されている。

演習問題

① 自分の住んでいる都道府県の障害者計画を読んでみよう。

◇◇◇◇◇◇◇◇◇◇◇◇◇◇◇◇◇◇◇◇◇◇ ✿**考えてみよう** ◇◇◇◇◇◇◇◇◇◇◇◇◇◇◇◇◇◇◇◇◇◇

❶ 相談支援専門員がサービス利用計画に位置つけるように努めなければなら
ないサービスを整理してみよう

❷ 自分の住む市町村の障害をもつ利用者を支援する，医療・教育・労働関係
機関との連携システムを整理してみよう。

◇◇

第6章　障害者総合支援法における組織・機関の役割

障害者への支援体制は，行政機関（国・都道府県・市町村）・相談支援事業所・指定障害福祉サービス事業者・国民健康保険団体連合会・教育関係機関・労働関係機関などのフォーマルサービスとボランティア等のインフォーマルサービスによって構築されている。これらの組織や機関の役割と実際の業務を理解することで，障害者総合支援法の全体像を把握する。

キーワード　**基本指針の策定，（都道府県・市町村）障害者福祉計画，市町村地域生活支援事業，相談支援事業所，指定障害福祉サービス事業者，特別支援教育，学校教育法の改正，特別支援教育コーディネーター**

1．行政機関の役割

障害者総合支援法では，障害者の地域生活を支援するために，国をはじめ行政機関や関係機関との連携を図ることが強調されている。

（1）国の役割

国の責務について，障害者総合支援法第2条第3項において，「国は，市町村及び都道府県が行う自立支援給付，地域生活支援事業その他この法律に基づく業務が適正かつ円滑に行われるよう，市町村及び都道府県に対する必要な助言，情報の提供その他の援助を行わなければならない」と定められている。

国は，市町村および都道府県がこの法律に基づく事業を円滑に実施できるように援助をすることとなっているものの，市町村および都道府県の障害福祉計画の方向性を示す責任等があり，障害者施策の推進において重要な位置づけにある。

　国は，自立支援給付（介護給付費，訓練等給付費，地域相談支援給付費，計画相談支援給付費，自立支援医療費，療養介護医療費，補装具費および高額障害福祉サービス等給付費等）の給付については，全国共通の基準で行われるよう，支給決定やサービスの内容についての基準を定めている。なお，自立支援給付については，市町村が支弁した費用について，障害支援区分ごとの人数などを勘案して，算定した額の2分の1（都道府県の負担は4分の1）を，都道府県が支弁した自立支援医療費（精神通院医療にかかるものに限る）の2分の1を義務的経費として負担する。また，国は，市町村および都道府県がそれぞれ支弁する地域生活支援事業の費用について，2分の1以内を予算の範囲内で補助することができるとしている。

　厚生労働大臣は，障害福祉計画の策定のために，障害者総合支援法第87条において，障害福祉サービス及び相談支援並びに市町村及び都道府県の地域生活支援事業の提供体制を整備し，自立支援給付及び地域生活支援事業の円滑な実施を確保するための基本指針を定め，公表することとされている。なお，障害児についても同様に，児童福祉法第33条の19において，障害児通所支援，障害児入所支援及び障害児相談支援の提供体制を整備し，障害児通所支援等の円滑な実施を確保するための基本的な指針を定め，公表することとされている（図

図表6－1　厚生労働大臣が基本指針において定める内容

【障害者総合支援法第87条第2項】

障害福祉サービス及び相談支援の提供体制の確保に関する基本的事項
障害福祉サービス，相談支援並びに市町村及び都道府県の地域生活支援事業の提供体制の確保に係る目標に関する事項
市町村障害福祉計画及び都道府県障害福祉計画の作成に関する事項
その他自立支援給付及び地域生活支援事業の円滑な実施を確保するために必要な事項

【児童福祉法第33条の19②】

障害児通所支援等の提供体制の確保に関する基本的事項
障害児通所支援等の提供体制の確保に係る目標に関する事項
市町村障害児福祉計画及び都道府県障害児福祉計画の作成に関する事項
その他障害児通所支援等の円滑な実施を確保するために必要な事項

表6-1）。また，その基本指針に則して，都道府県，市町村は障害福祉計画を作成する。なお，基本指針は，児童福祉法に規定する障害児福祉計画を策定するための基本指針と一体のものとして作成することができることとされている。

さらに，国は，市町村または都道府県が障害福祉計画に定められた事業を円滑に実施できるように，必要な助言などの援助に努めるものとされている。

都道府県・市町村は，基本指針に即して3か年の「障害福祉計画」および「障害児福祉計画」は，「障害福祉計画」が2005（平成18）年度から第1期計画が始まり，2021（令和3）年度より第6期計画（「障害福祉計画」については，2018（平成30）年度から第1期計画が始まり，2021（令和3）年度より第2期計画）が始まる。第6期障害福祉計画（第2期障害児福祉計画）では，地域における生活の維持および継続の推進，福祉施設から一般就労への移行，「地域共生社会」の実現に向けた取組，精神障害にも対応した地域包括ケアシステムの構築，発達障害者等支援の一層の充実，障害児通所支援等の地域支援体制の整備，相談支援体制の充実・強化等，障害者の社会参加を支える取組，障害福祉サービス等の質の向上，障害福祉人材の確保が基本指針の主な見直しのポイントとして示されている。

（2）都道府県の役割

都道府県の責務は，障害者総合支援法第2条第2項に定められており，市町村の行う自立支援給付及び地域生活支援事業が円滑に行われるよう助言や情報提供を行うこと，専門的な知識や技術を要する相談や指導を行うことなどがある。また市町村との連携のなかで都道府県地域生活支援事業の展開や都道府県障害福祉計画を策定することなど図表6-2に示す役割が求められている。

1）都道府県障害福祉計画

都道府県は，市町村障害福祉計画の達成のため，各市町村を通じる広域的な見地から，障害福祉サービス，相談支援及び地域生活支援事業の体制の確保に関する計画（都道府県障害福祉計画）を定めることになっている（89条）。

156

図表6－2　都道府県の主な役割

都道府県の主な役割
① 精神通院医療の支給認定等
② 都道府県障害福祉計画の策定
③ 都道府県地域生活支援事業の実施（図表6－3）
④ 障害福祉サービス事業者等の指定
⑤ 審査請求の審査および障害者介護給付費等不服審査会の設置
⑥ 障害福祉サービス等情報の調査・公表
⑦ 市町村への支援（市町村審査会の共同設置や運営への助言，介護給付費などの要否決定などに関する意見，更生医療・育成医療および補装具費の支給決定にあたっての判定）

2）都道府県地域生活支援事業の実施

　障害者総合支援法では，国や都道府県による財政援助のもとで行われる，主に市町村が中心となり実施する地域密着型のサービスが体系化されている。この地域密着型のサービスを総称して「地域生活支援事業」といい，都道府県と市町村のもつ機能や特徴から，それぞれの実施する事業が分けられている。このうち，都道府県が実施する事業を「都道府県地域生活支援事業」，市町村が実施する事業を「市町村地域生活支援事業」という。

　都道府県地域生活支援事業は，都道府県の必須事業として「専門性の高い相談支援事業」及び「広域な対応が必要な事業」，都道府県の判断により実施できる事業として「サービス・相談支援者，指導者育成事業」「その他の事業」がそれぞれ体系化されている。

図表6－3　都道府県が行う地域生活支援事業

必須事業	任意事業
1　専門性の高い相談支援事業 2　専門性の高い意思疎通支援を行う者の養成研修事業 3　専門性の高い意思疎通支援を行う者の派遣事業 4　意思疎通支援を行う者の派遣に係る市町村相互間の連絡調整事業 5　広域的な支援事業	1　サービス・相談支援者，指導者育成事業 2　任意事業 ・日常生活支援 ・社会参加支援 ・権利擁護支援 ・就業・就労支援 ・重度障害者に係る市町村特別支援

　実施主体は，都道府県（発達障害者支援センターについては指定都市を含む）であるが，指定都市，中核市または団体などに事業の全部または一部を委託することができる。

3）障害福祉サービス事業者の指定および指導等

　障害福祉サービス事業者の指定は，都道府県知事に申請を行い，各事業や施設の指定を受ける。これらの指定は，6年ごとに更新を受けなければ効力を失うことになっている。

　その他に都道府県知事には，以下に示す指導・監督の権限を有している。

- 指定事業者の指定を取消し，または期間を定めて指定の全部もしくは一部の効力を停止する
- 障害福祉サービス事業者，障害者支援施設及び相談支援事業者からの申請に基づいて，各種事業，施設の指定を行う。なお，これらは政令指定都市，中核市の市長もこれらの指定を行う。
- 何らかの問題が生じた場合，書類の提出や出頭を要請したり，立入調査を行うことができる。

4）自立支援医療機関の指定および指導等

　都道府県知事は，医療機関からの申請により自立支援医療機関の指定を行う。なお，政令指定都市は自立支援医療すべてについて，中核市は厚生医療及び育成医療について，指定自立支援医療機関の指定等の業務を行う。

　都道府県知事は，指定自立支援医療機関に対し，指定障害福祉サービス事業者の場合と同様に検査等を実施することができる。また，自立支援医療費の支払いの一時差止め，規定を遵守すべきことの勧告，命令などをすることができる。さらに，指定自立支援医療機関が，指定を受けられない条件に該当したときや，請求に関し不正があったときなど，一定の条件に該当するときには，その指定を取消し，または期間を定めてその指定の全部もしくは一部の効力を停

止することができる。

5）審査請求および障害者介護給付費等不服審査会の設置

　市町村の介護給付費等にかかる処分に不服がある障害者等は，都道府県知事に対して審査請求をすることができる。都道府県知事は，審査請求の事件を取り扱わせるため，条例により障害者介護給付費等不服審査会をおくことができる。障害者介護給付費等不服審査会には必要な数の合議体を設置し，合議体を構成する委員の定数は5人を標準として都道府県が定める。委員は，人格が高潔であって，介護給付費等に関する処分の審理に関し公正かつ中立な判断をすることができ，かつ，障害者等の保健または福祉に関する学識経験を有する者のうちから都道府県知事が任命し，その任期は3年である。

6）障害福祉サービス等情報の調査・公表

　障害福祉サービス等を提供する事業所が拡大するなかで，利用者がそれぞれの要望に応じて良質なサービスを選択できるようにすることや事業者のサービス向上が求められている。このため2018（平成30）年4月から，施設・事業者が障害福祉サービスの内容等を都道府県に報告し，都道府県がその内容を公表する障害福祉サービス等の情報公表制度が開始された。

7）市町村への支援

　都道府県は，市町村審査会を共同設置しようとする市町村の求めに応じ，市町村相互間の調整を行う。また，市町村審査会を共同設置した市町村に対し，その円滑な運営が確保されるように技術的な助言などの援助を行う。市町村は，介護給付費等の支給要否決定などを行うにあたって，都道府県の機関である身体障害者更生相談所，知的障害者更生相談所，精神保健福祉センターまたは児童相談所の意見を聴くことができる。

①　身体障害者更生相談所および知的障害者更生相談所

　都道府県は，身体障害者更生相談所および知的障害者更生相談所を設置しなければならない。これらの更生相談所は，相談および指導のうち，とくに専門的な知識および技術を必要とするものを行い，医学的，心理学的および職能的判定を行う（対象は原則として18歳以上）。さらに，身体障害者更生相談所では，必要に応じて補装具の処方および適合判定を行う。障害者総合支援法においては，介護等給付費等の支給決定や障害支援区分の認定を行うにあたって，とくに専門的な知見が必要であるときは，市町村はこれらの更生相談所等の意見を求めることとしている。

図表6－4　身体障害者更生相談所，知的障害者更生相談所の役割

身体障害者更生相談所（身体障害者福祉法第11条） 知的障害者更生相談所（知的障害者福祉法第12条）
・市町村の援護の実施に関する市町村相互間の連絡調整 ・専門的な知識や技術を必要とする相談および指導 ・医学的，心理的および職能的判定の実施

②　精神保健福祉センター

　都道府県は，地域精神保健福祉活動推進の中核となる機能を備え，精神保健の向上および精神障害者の福祉の増進を図るための機関として，精神保健福祉センターを設置しなければならない。精神保健福祉センターの業務は，① 精神保健および精神障害者の福祉に関する知識の普及，および調査研究，② 精神保

図表6－5　精神保健福祉センターの役割

精神保健福祉センター（精神保健福祉法第6条）
・精神保健および精神障害者の福祉に関する知識の普及を図ることおよび調査研究 ・精神保健および精神障害者の福祉に関する相談および指導のうち複雑又は困難なもの ・精神医療審査会の事務 ・自立支援医療の支給認定（精神障害者に係るものに限る）に関する事務のうち専門的な知識および技術を必要とするもの ・市町村が介護給付費，地域相談支援給付費等の支給の要否の決定を行うにあたり意見を述べる ・市町村に対し技術的事項についての協力その他必要な援助を行う

健および精神障害者の福祉に関する相談および指導のうち複雑・困難なもの，③自立支援医療の支給認定（精神障害者にかかるものに限る）に関する事務のうち専門的な知識および技術を必要とするものである。

（3）市町村の役割

　障害者総合支援法では，利用者に身近な市町村が中心となり障害福祉サービスを提供する。サービスの主な実施主体である市町村は，障害者総合支援法第2条第1項（障害児においては，児童福祉法第3条の3）において，その責務が規定され，責務遂行が市町村の果たす最も大きな役割となっている。

　障害者自立支援法（現：障害者総合支援法）が2006（平成18）年に施行されるまでは，サービスの種類によって提供主体が県と市町村とに分かれていた。障害者自立支援法に法改正され，サービスの提供主体は，障害者にとって最も身近な自治体である市町村に一元化された（ただし，自立支援医療のうち精神通院医療については，従来のまま都道府県が提供主体となっている）。

　なお，政令指定都市の役割については，市町村とほぼ同じであるが，自立支援医療の精神通院医療について，都道府県と同様に，支給に係る認定調査やその医療機関の指定を行うことができる点などが一部異なっている。

1）市町村地域生活支援事業の実施

　市町村地域生活支援事業は，障害者等が自立した日常生活または社会生活を営むことができるよう，住民に最も身近な市町村を中心として実施される事業である。市町村は，障害者および障害児が，自立した日常生活又は社会生活を営むことができるよう，地理的条件や社会資源の状況などの地域の特性や利用者の状況に応じ，①委託契約，広域連合等の活用，②突発的なニーズに臨機応変に対応が可能であること，③個別給付では対応できない複数の利用者への対応が可能といった柔軟な形態により，事業を効果的・効率的に実施することとされている。

図表6－6　市町村の責務と役割

市町村の責務
【障害者総合支援法第2条第1項】
　市町村（特別区を含む。以下同じ）は，この法律の実施に関し，次に掲げる責務を有する。
① 障害者が自ら選択した場所に居住し，又は障害者若しくは障害児（以下「障害者等」という）が自立した日常生活又は社会生活を営むことができるよう，当該市町村の区域における障害者等の生活の実態を把握した上で，公共職業安定所その他の職業リハビリテーション（障害者の雇用の促進等に関する法律（昭和35年法律第123号）第2条第7号に規定する職業リハビリテーションをいう。以下同じ）の措置を実施する機関，教育機関その他の関係機関との緊密な連携を図りつつ，必要な自立支援給付および地域生活支援事業を総合的かつ計画的に行うこと。
② 障害者等の福祉に関し，必要な情報の提供を行い，並びに相談に応じ，必要な調査および指導を行い，並びにこれらに付随する業務を行うこと。
③ 意思疎通について支援が必要な障害者等が障害福祉サービスを円滑に利用することができるよう必要な便宜を供与すること，障害者等に対する虐待の防止およびその早期発見のために関係機関と連絡調整を行うことその他障害者等の権利の擁護のために必要な援助を行うこと。
【児童福祉法第3条の3】
　市町村（特別区を含む。以下同じ）は，児童が心身ともに健やかに育成されるよう，基礎的な地方公共団体として，第10条第1項各号に掲げる業務の実施，障害児通所給付費の支給，第24条第1項の規定による保育の実施その他この法律に基づく児童の身近な場所における児童の福祉に関する支援に係る業務を適切に行わなければならない。

市町村の主な役割
●障害者総合支援法
　① 介護給付費，訓練等給付費，地域相談支援給付費，自立支援医療費（精神通院医療を除く）および補装具費等の支給認定
　② 支給決定等に伴う障害支援区分の認定
　③ 市町村地域生活支援事業の実施
　④ 市町村障害福祉計画の策定
　⑤ 指定特定相談支援事業者の指定等
　⑥ 障害福祉に関する必要な調査，指導等
●児童福祉法
　① 障害児通所給付費等の給付決定等
　② 指定障害児相談支援事業者の指定等

　市町村が行う地域生活支援事業に要する費用等については，国は2分の1以内（県は4分の1以内）を予算の範囲内で補助することができる。
　2017（平成29）年度から地域生活支援促進事業が創設され，発達障害者支援，

162

図表6－7　市町村が行う主な地域生活支援事業

必須事業	
1　理解促進研修・啓発事業	5　成年後見制度法人後見支援事業
2　自発的活動支援事業	6　意思疎通支援事業
3　相談支援事業	7　日常生活用具給付等事業
(1)　基幹相談支援センター等機能強化事業	8　手話奉仕員養成研修事業
(2)　住宅入居等支援事業(居住サポート事業)	9　移動支援事業
4　成年後見制度利用支援事業	10　地域活動支援センター機能強化事業

任意事業	
【日常生活支援】	(3)　点字・声の広報等発行
(1)　福祉ホームの運営	(4)　奉仕員養成研修
(2)　訪問入浴サービス	(5)　自動車運転免許取得・改造助成
(3)　生活訓練等	【権利擁護支援】
(4)　日中一時支援	(1)　成年後見制度普及啓発
(5)　地域移行のための安心生活支援	(2)　障害者虐待防止対策支援
(6)　障害児支援体制整備	【就業・就労支援】
(7)　巡回支援専門員整備	(1)　盲人ホームの運営
(8)　相談支援事業所等（地域援助事業者）における退院支援体制確保	(2)　重度障害者在宅就労促進（バーチャル工房支援）
【社会参加支援】	(3)　更生訓練費給付
(1)　スポーツ・レクリエーション教室開催等	(4)　知的障害者職親委託
(2)　文化芸術活動振興	12　障害支援区分認定等事務

　障害者虐待防止対策，成年後見制度普及啓発等，国として促進すべき事業について，特別枠に位置づけ，5割または定額の補助を確保し，質の高い事業実施を図ることとされた。

2）市町村障害福祉計画の策定

　市町村は，厚生労働大臣が定めた基本指針に即して，障害福祉サービスの提供体制の確保その他この法律に基づく業務の円滑な実施に関する市町村障害福祉計画を定める（障害者総合支援法第88条）。

　なお，市町村および都道府県における障害福祉サービスにかかわる基本計画としての「障害者計画」とは別に，市町村および都道府県は，障害者基本法第

図表6－8 市町村障害福祉計画に定められる事項

義　務	努力義務
① 障害福祉サービス，相談支援および地域生活支援事業の提供体制の確保にかかる目標に関する事項 ② 各年度における指定障害福祉サービス，指定地域相談支援又は指定計画相談支援の種類ごとの必要な量の見込み ③ 地域生活支援事業の種類ごとの実施に関する事項	④ 指定障害福祉サービス，指定地域相談支援又は指定計画相談支援の種類ごとの必要な見込量の確保のための方策 ⑤ 指定障害福祉サービス，指定地域相談支援又は指定計画相談支援および地域生活支援事業の提供体制の確保に係る医療機関，教育機関，公共職業安定所その他の職業リハビリテーションの措置を実施する機関その他の関係機関との連携に関する事項

9条に基づき，生活支援実施計画としての「障害福祉計画」を策定している。

3）その他の法律における役割

その他の法律における市町村の役割として以下のものがある。

① 障害福祉サービス，障害者支援施設等への入所等の措置

② 身体障害者相談員・知的障害者相談員への委託による相談対応，援助

③ 成年後見開始の審判請求

2．相談支援事業所の役割

相談支援事業（障害者相談支援事業）は，市町村および都道府県が実施する地域生活支援事業のひとつに位置づけられ，「障害者等，障害児の保護者又は障害者等の介護を行う者などからの相談に応じ，必要な情報の提供等の便宜を供与することや，権利擁護のために必要な援助を行うことにより，障害者等が自立した日常生活又は社会生活を営むことができるようにすること」（障害者総合支援法第77条第3項）を目的としている。

（1）相談支援事業所の組織体系

　相談支援には，基本相談支援，地域相談支援と計画相談支援がある。都道府県等が指定する一般相談支援事業所は，地域移行支援や地域定着支援の地域相談支援を行い，市町村が指定する特定相談支援事業所は，サービス利用支援や継続サービス利用支援の計画相談支援を行う。基本相談支援は，いずれの相談支援事業所でも行う。

「相談支援」とは，①「基本相談支援」，②「地域相談支援」および③「計画相談支援」

①「基本相談支援」とは，地域の障害者等の福祉に関する各般の問題につき，障害者等，障害児の保護者又は障害者等の介護を行う者からの相談に応じ，必要な情報の提供および助言を行い，併せてこれらの者と市町村及び指定障害福祉サービス事業者等との連絡調整その他の厚生労働省令で定める便宜を総合的に供与すること

②「地域相談支援」とは，地域移行支援及び地域定着支援

③「計画相談支援」とは，サービス利用支援及び継続サービス利用支援

　①基本相談支援＋②地域相談支援＝「一般相談支援事業」

　①基本相談支援＋③計画相談支援＝「特定相談支援事業」

　（障害者総合支援法第5条第18，19項）

　この他に，障害児の通所サービス利用に係る相談を担当する指定障害児相談支援事業所がある。なお，障害児の入所サービスについては児童相談所が対応する。

（2）相談支援事業所の役割

　相談支援事業所とは，障害者総合支援法第5条第18項に規定されている相談支援事業を行う事業所のことである。実施主体は市町村であるが，相談支援事業者に業務を委託（指定相談支援事業者）できる。委託を受けた者を含め，相談支援事業を実施する者（以下「相談支援事業者」）は，福祉サービス利用の一連の

図表6−9　指定特定相談支援事業者と障害福祉サービス事業者の関係

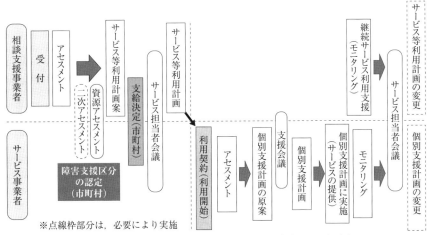

※点線枠部分は，必要により実施

出所）厚生労働省「計画相談支援における現状と厚生労働省の取組」から一部改変

プロセスのなかで多くの役割を担っている。

　また，相談受援事業者は，（自立支援）協議会のネットワークのひとつとして機能している。市町村，その他の相談支援事業者，サービス事業者，保健・医療，子育て支援・学校，障害者相談員などと連携を取りながら利用者のライフステージに則した相談支援を実施している。

　（自立支援）協議会は，地域生活支援事業の相談支援に位置づけられる。地域の障害福祉のシステム作りに関する中核的な協議の場として，地方公共団体が，単独で又は共同して，障害者等への支援の体制の整備を図るため，関係機関，関係団体並びに障害者等およびその家族並びに障害者等の福祉，医療，教育又は雇用に関連する職務に従事する者その他の関係者などにより構成されている。この協議会は，関係機関等が相互の連絡を図ることにより，地域における障害者等への支援体制に関する課題について情報を共有し，関係機関等の連携の緊密化を図るとともに，地域の実情に応じた体制の整備について協議を行うものとされている。

166

3．指定障害福祉サービス事業者等の役割

　指定障害福祉サービス事業者や指定障害者支援施設の設置者の役割は，利用している障害者等が自立した生活が送れるよう，利用者の意思や意向，適性，障害の特性その他の事情に応じ，人格を尊重して，意思決定に対する支援など，常に利用者の立場に立った効果的なサービスの提供に努めることが求められる。

　なお，事業者や施設設置者の主な役割は，以下のとおり，運営基準等で定められている。事業者は，それぞれの役割を市町村，公共職業安定所（ハローワーク），教育機関などの関係機関と連携して行うことが求められている。

　指定障害福祉サービス事業者等は，その提供するサービスの質の評価を行うことなどにより，サービスの質の向上に努めるとともに，従業者の研修の機会を確保しなければならない。また，利用者の人権の擁護，虐待の防止等のため，責任者を設置する等とともに従業者に研修を実施するよう努めなければならない。

指定障害福祉サービス事業者や指定障害者支援施設設置者の役割
① 個別支援計画の作成（第3条）
② 障害者虐待の防止（第3条の3）
③ 提供拒否の禁止（第11条）
④ 利用者の相談に応じる（第16条ほか）
⑤ 終了に向けた支援（第17条2，第195条，第200条の2ほか）
⑥ 業務管理体制の整備（第33条ほか）
⑦ 知り得た秘密の保持（第36条）
⑧ 苦情解決に努める（第39条）
⑨ 身体拘束の禁止（第73条）
⑩ 運営規程を定める（第89条）
（障害者の日常生活及び社会生活を総合的に支援するための法律に基づく指定障害福祉サービスの事業等の人員，設備及び運営に関する基準（平成18年厚生労働省令第171号））

4．国民健康保険団体連合会の役割

　国民健康保険団体連合会は，国民健康保険法第83条に基づき，都道府県若しくは市町村又は組合が，共同してその目的を達成するために設立している法人で，国民健康保険事業および介護保険事業の普及，健全な運営および発展を図り，社会保障および国民保健の向上に寄与することを目的とした団体で，すべての都道府県に設立されている。都道府県知事の認可によって成立し，診療報酬の審査支払業務，保健事業，調査研究などを行っている。2000（平成12）年度からは介護保険制度の介護報酬の審査支払業務および介護保険サービスの相談・指導・助言（苦情処理）業務を行っている。2018（平成30）年度より請求内容の審査についても委託できるようになった。

　障害者総合支援法に基づき，市町村等は，介護給付費，訓練等給付費，特定障害者特別給付費，地域相談支援給付費および計画相談支援給付費等並びに児童福祉法に基づく障害児通所給付費および障害児相談支援給付費の審査および支払いに関する業務を国民健康保険団体連合会に委託できることとされている。介護保険制度と異なり，国民健康保険団体連合会には相談・指導・助言（苦情処理）に関する業務は委託されず，審査・支払い業務のみが委託対象となっている。

　また，都道府県等は，児童福祉法に基づく障害児入所給付費および特定入所障害児食費等給付費の審査および支払いに関する業務を国民健康保険団体連合会に委託できることとされている。

市町村および都道府県が委託できる給付費一覧
① 介護給付費
② 訓練等給付費
③ 特定障害者特別給付費

④ 地域相談支援給付費
⑤ 計画相談支援給付費
⑥ 障害児通所給付費
⑦ 障害児相談支援給付費
⑧ 障害児入所給付費（都道府県）
⑨ 特定入所障害児食費等給付費（都道府県）

5. 教育関係機関の役割

　2006（平成18）年の改正学校教育法により，2007（平成19）年4月1日付で文部科学省初等中等教育局長名の「特別支援教育の推進について（通知）」が発出された。この通知により，「特別支援教育は幼稚園，小学校，中学校，高等学校，中等教育学校および特別支援学校において行われる特別支援教育について，基本的な考え方，留意事項等がまとめて示され，特別支援教育が法的に位置づけられた。そこで，『特別支援教育の理念』として，特別支援教育は，障害のある幼児児童生徒の自立や社会参加に向けた主体的な取組を支援するという視点に立ち，幼児児童生徒一人ひとりの教育ニーズに立脚した教育であること，これまでの特殊教育の対象に加えて，知的な遅れのない発達障害も含めること，特別支援教育は障害のある幼児児童生徒への教育にとどまらず，『共生社会の形成の基礎となるもの』である」と特別支援教育の方向性と枠組みが示された。従来の盲・ろう・養護学校および特殊学級に限定されてきた特殊教育が，特別な支援を必要とする幼児・児童・生徒が在籍するすべての学校において実施される特別支援教育に転換することとなった。

（1）特別支援教育の変遷
　日本では，第二次世界大戦後，障害児に対して，障害種別ごとに設立された障害児学校や学級で，障害に応じた教育が行われてきた。一方で1981（昭和56）

年の国際障害者年を契機に，統合教育を求める声やノーマライゼーションの風潮から，こうした教育のあり方の変革を求める声が世界的に高まった。こうした世論の高まりのなかで，1994（平成 6 ）年にユネスコ（UNESCO）とスペイン政府の共催で開催された「特別ニーズ教育に関する世界会議」において，「特別ニーズ教育における諸原則・政策及び実践に関するサラマンカ声明」と「特別ニーズ教育に関する行動大綱」が採択された。この声明では，発展途上国における障害児や児童労働従事者，ストリートチルドレン等を含む特別なニーズをもつ児童の教育の充実とともに先進諸国で，通常教育から分離したシステムとしての特殊教育を通常教育へ統合することを提案した。

サラマンカ声明（宣言）

　サラマンカで行われた「特別なニーズ教育に関する世界会議」（1994年）の最終報告書に掲載されている声明（宣言）。「すべての者の教育（Education for ALL）」を主張。これ以降，インテグレーションに代わってインクルージョンという概念が用いられ始める。

　わが国では，2001（平成13）年 1 月に文部科学省が「21世紀における特殊教育の在り方について（最終報告）」において，近年の特殊教育をめぐる状況の変化をふまえ，これからの特殊教育は，障害のある幼児児童生徒の視点に立って一人ひとりのニーズを把握し，必要な支援を行うという考えに基づいて対応を図ることが必要としたうえで，今後の特殊教育のあり方についての基本的な考え方について，以下の 5 点を明らかにしている。

① ノーマライゼーションの進展に向け，障害のある児童生徒の自立と社会参加を社会全体として，生涯にわたって支援することが必要

② 教育，福祉，医療等が一体となって乳幼児期から学校卒業後まで障害のある子どもおよびその保護者等に対する相談および支援を行う体制を整備することが必要

③ 障害の重度・重複化や多様化を踏まえ，盲・聾・養護学校等における教育を充実するとともに，通常の学級の特別な教育的支援を必要とする児童生徒に積極的に対応することが必要

④ 児童生徒の特別な教育的ニーズを把握し，必要な教育的支援を行うため，就学指導の在り方を改善することが必要

⑤ 学校や地域における魅力と特色ある教育活動等を促進するため，特殊教育に関する制度を見直し，市町村や学校に対する支援を充実することが必要

　これらの基本的な考えを背景に，小・中学校などの通常学級に在籍するLD（学習障害）やADHD（注意欠陥多動性障害），高機能自閉症といった特別な教育的支援を必要とする児童生徒などに対しても積極的に対応していく必要があるという方針が打ち出された。

　この提言を受けて，2002（平成14）年4月，「学校教育法施行令の一部を改正する政令」（政令第148号）が公布され，第22条の3に規定する「就学規準」が「医学，科学技術の進歩等を踏まえ，実態に合致するよう教育的，心理学的，医学的観点から」の見直しが行われ，従来の障害の観点からだけでなく，障害児一人ひとりの特別な教育的ニーズによって，それに応じた適切な就学指導が可能となった。

　2003（平成15）年3月28日には「特別支援教育の在り方に関する調査研究協力者会議」が「今後の特別支援教育の在り方について（最終報告）」を提出し，盲・聾・養護学校制度を改め，通常の学級に在籍する発達障害児を含め，その一人ひとりの教育的ニーズを把握し，適切な教育的支援を行う「特別支援教育」への転換が提言され，2004（平成16）年12月には中央教育審議会が「特別支援教育を推進するための制度の在り方（中間報告）」を発表し，特殊教育から特別支援教育への移行の意義を明らかにし，「学校教育法等の一部を改正する法律」が2006（平成18）年6月に成立し，2007（平成19）年4月1日から施行された。

特別支援学校・特別支援学級

　これまで，盲学校　ろう学校　養護学校（肢体不自由　知的障害　病弱）のうちの障害種別に区分されていたものが，障害種別にとらわれない特別支援学校に再編され，同時に，学区内の幼小中高を支援するセンター的機能も果たすようになった。また，特殊学級は特別支援学級に改められた。

（２）特別支援教育の内容

特別支援教育の内容は，以下のとおりである。

① 特別支援学校および小・中学校の特別支援学級の在籍者並びに小・中学校および高等学校の通級による指導を受けている児童生徒（対象とする障害種別は，言語障害，自閉症，情緒障害，弱視，難聴，LD，ADHD，肢体不自由および病弱・身体虚弱）の総数は増加傾向にあり，約56万人（2019年5月1日現在）となっている。このうち義務教育段階の児童生徒は，義務教育段階の全児童生徒数の約5.0％に当たる約48.6万人となっている。

② 障害の種別にとらわれない特別支援学校において，「障害が重いあるいは重複していることにより専門性の高い指導や施設・設備などによる教育的支援の必要性が大きい児童生徒に対する教育を地域において中心的に担う」役割を果たす。同時に，この学校は，小・中学校に対して教育的な支援を積極的に行う役割をもち，特別支援教育コーディネーターを校務として位置づける。

③ 小・中学校においては，障害のある児童生徒はすべて通常学級に在籍するものとする。これらの児童生徒は，通常学級において「できるだけ他の児童生徒とともに学習し，生活上の指導を受ける」こととし，「障害に応じた教科指導や障害に起因する困難の克服・克服のための指導」を必要な時間のみ「特別支援教室」で受けることとする。さらに，学校全体で対応するために，校内委員会を設置して特別支援教育コーディネーターをおくとともに，チーム・ティーチングや少人数指導担当教員，さらには臨時教員な

図表 6 − 10　特別支援教育の対象の概念図（義務教育段階）

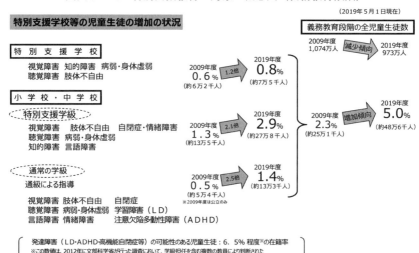

出所）内閣府『令和 2 年版　障害者白書』

ど学校外人材を活用する。

④ 特別支援教育のあり方を支えるものとして，教育現場への療育や医療など
　の関連する分野の専門家の参画，さらには障害福祉圏域などとの整合性を
　もった「支援地域」「（行政間の）部局横断型の委員会」の設定，就学前か
　ら卒業までの一貫した相談体制の整備，「個別の教育支援計画」「個別移行
　支援計画」の策定などを行う。

（3）特別支援教育を行うための体制の整備および必要な取り組み

　特別支援教育を実施するため，各学校において，体制の整備および取り組み
（① 特別支援教育に関する校内委員会の設置，② 実態把握，③ 特別支援教育コーディ
ネーターの配置，④ 関係機関との連携を図った「個別の教育支援計画」の策定と活
用，⑤「個別の指導計画」の作成，⑥ 特別支援学校における取り組み，⑦ 進路指導の
充実と就労の支援，⑧ 厚生労働省関係機関等との連携（図表 6 − 11））を行う。

（4）特別支援教育の諸活動と特別支援教育コーディネーターの役割

　特別支援教育コーディネーターは，保護者や関係機関に対する学校の窓口として，また学校内の関係者や福祉，医療等の関係機関との連絡調整の役割を担う者として，位置づけられている。特別支援教育コーディネーターの役割は，基本的にはそれぞれの学校で特別支援教育を推進することであるが，特別支援教育に関わる教育活動は多岐にわたる。その各プロセスで，関わり合う人達を繋ぎ，知恵と力を引き出し，児童生徒への支援に結びつけていくことが重要である（図表 6 - 12）。

　特別支援学校では，医療的ケアの必要な児童生徒への対応のため，医療機関や福祉機関と連携・協力を行い，学校外の専門家による指導・助言を受けるなど，児童生徒のニーズに応じた教育を展開していくための推進役としての役割を担い，また，各学校の教員の専門性や施設・設備を活かし，地域における特殊教育に関する相談のセンター的な機能を推進する（図表 6 - 13）。

　小・中学校では，学校内の関係者間の連携協力，特別支援学校などの教育機関，医療・福祉機関との連携協力の推進役としての役割を担う（図表 6 - 14）。

　特別支援教育を進めるためには，それぞれの学校で，教職員全体の特別支援教育に対する理解のもとで，学校内の協力体制を構築するとともに，学校外の関係機関との連携協力が不可欠である。特別支援学校では，専門性のある教員や障害に対応した施設や設備があり，教育指導上の活動の多くは，学校内で工夫の上で実施されるが，医療的ケアの必要な児童生徒への対応のための医療機関や福祉機関との連携・協力や，学校外の専門家による指導・助言を受けるなど，児童生徒のニーズに応じた教育を展開していくための柔軟な休制づくりが大切である。また地域の実態や家庭の要請等により，障害のある幼児・児童・生徒またはその保護者に対して教育相談を行うなど，各学校の教員の専門性や施設・設備を活かした，地域における特殊教育に関する相談のセンターとしての役割を果たすよう努める必要がある。小・中学校においては，教職員の配置や施設・設備の状況は必ずしも十分な状況ではなく，各学校での対応には限り

174

図表 6 −11　特別支援教育を支える仕組み

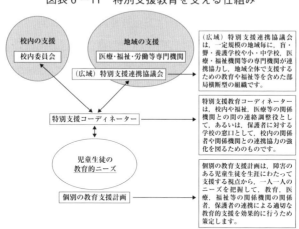

出所）独立行政法人 国立特別支援教育総合研究所『LD・ADHD・高機能自閉症等を含む障害のある子
　　　どもへの支援のために 特別支援教育コーディネーター実践ガイド』2006年

図表 6 −12　特別支援教育コーディネーターの位置づけ

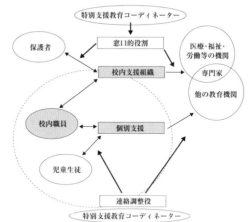

出所）独立行政法人 国立特別支援教育総合研究所『LD・ADHD・高機能自閉症等を含む障害のある子
　　　どもへの支援のために 特別支援教育コーディネーター実践ガイド』2006年

図表 6 − 13　特別支援学校における特別支援教育コーディネーターの位置づけ

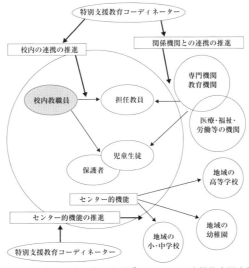

出所）独立行政法人 国立特別支援教育総合研究所『LD・ADHD・高機能自閉症等を含む障害のある子どもへの支援のために 特別支援教育コーディネーター実践ガイド』2006年

図表 6 − 14　小・中学校における特別支援教育コーディネーターの位置づけ

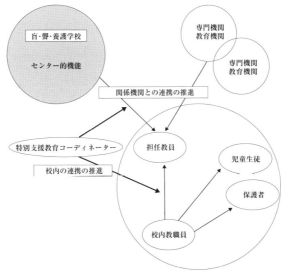

出所）独立行政法人 国立特別支援教育総合研究所『LD・ADHD・高機能自閉症等を含む障害のある子どもへの支援のために 特別支援教育コーディネーター実践ガイド』2006年

176

があるために，特別支援学校や医療・福祉機関との連携協力が大切となる。こうしたことをふまえて，特別支援教育コーディネーターは，保護者や関係機関に対する学校の窓口として，また，学校内の関係者や福祉，医療等の関係機関との連結調整役としての役割を担う者として，位置づけられている。

特別支援専攻の教員

特別支援学校の教員は，小学校・中学校尊の教員免許状のほかに　特別支援学校の教員免許状を取得することが原則。従来は，盲学校　うう学校　養護学校ごとに免許状が分けられていたが　2006（平成18）年4月より特別支援学校の教員免許状に一本化された。なお，特別支援学級や通級による指導は，小学校・中学校の教員免許状をもっている教員が担当することができる。

---

6. 労働関係機関の役割

すべての国民が，障害の有無によって分け隔てられることなく，相互に人格と個性を尊重し合いながら共生する社会を実現していかなければならない。そのため，職業を通じた社会参加を障害者施策の基本理念として，「障害者の雇用の促進等に関する法律」（昭和35年法律第123号）や同法に基づく「障害者雇用対策基本方針」（平成30年厚生労働省告示第178号）等が策定され，障害者一人ひとりが，能力を最大限発揮して働くことができるよう，障害の種類および程度に応じたきめ細かな対策が講じられている。

このような施策からも，障害者の就労への意欲は高まってきており，その機会や範囲も徐々に広まってきている。障害者等が希望や能力，適性を十分に活かし，障害の特性等に応じて活躍することが普通の社会であり，福祉施策として障害者総合支援法では，訓練等給付により，福祉施設から一般就労への移行の促進，地域の就労支援機関の体制の充実が行われている。

また，労働施策として，障害者と共に働くことが当たり前の社会をめざし，

図表 6 − 15　民間企業における障害者の雇用状況

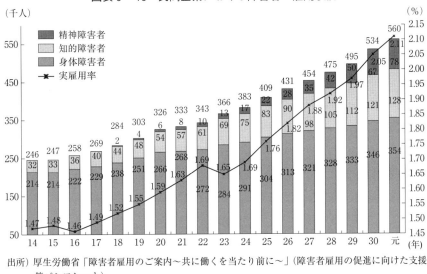

出所）厚生労働省「障害者雇用のご案内〜共に働くを当たり前に〜」（障害者雇用の促進に向けた支援策パンフレット）

　障害者雇用対策が促進され，障害者雇用促進法において，企業に対して，雇用する労働者の2.2％に相当する障害者を雇用することを義務づけ（障害者雇用率制度）ている。この率を満たさない企業からは納付金を徴収し，この納付金を基に雇用義務数より多く障害者を雇用する企業に対して調整金を支払ったり，障害者を雇用するために必要な施設設備費等に助成したりしている（障害者雇用納付金制度）。また，障害者本人に対しては，職業訓練や職業紹介，職場適応援助等の職業リハビリテーションを実施し，それぞれの障害特性に応じたきめ細かな支援が行われている。

　2020（令和元）年の障害者雇用状況の集計結果では，民間企業に雇用されている障害者の数は56.1万人となり，16年連続で過去最高を更新しており，実雇用率（常用労働者に占める，障害者である常用労働者の数）は2.11％，障害者雇用率達成企業割合は48.0％であり，障害者雇用は着実に進展している。

　また，障害を理由とする差別の解消の推進に関する法律（障害者差別解消法）において，雇用の場における事業主の障害者差別禁止や合理的配慮の提供義務

> ### ハローワークにおける障害者の就労支援
>
> ○職業相談・職業紹介
> 　ハローワークでは，就職を希望する障害者の求職登録を行い，専門の職員・職業相談員がケースワーク方式により，障害の態様や適性，希望職種等に応じ，きめ細かな職業相談，職業紹介，職場適応指導を実施している。
> 　職業相談・職業紹介に当たっては，公共職業訓練のあっせん，トライアル雇用，ジョブコーチ支援等の各種支援策も活用している。
> 　また，障害者を雇用している事業主，雇い入れようとしている事業主に対して，雇用管理上の配慮等についての助言を行い，必要に応じて地域障害者職業センター等の専門機関の紹介，各種助成金の案内を行っている。
> 　また，求人者・求職者が一堂に会する就職面接会も開催している。
> ○障害者向け求人の確保
> 　障害者向け求人の開拓を行うとともに，一般求人として受理したもののうちから障害者に適したものについて障害者求人への転換を勧め，求人の確保に努めている。
> ○雇用率達成指導
> 　事業主は障害者雇用促進法で定められた障害者雇用率を達成する義務があるが，毎年，事業主から雇用状況報告を求め，雇用率未達成の事業主に対して指導を行っている。
> 　雇用率達成のために雇入れなければならない障害者数の特に多い事業主等に対しては，安定所長名による障害者雇入れ計画の作成命令，同計画の適正実施勧告等を発出し，指導を行っている。
> ○障害者雇用率達成指導と結び付けた職業紹介
> 　事業主に対して雇用率達成指導を行う中で，職業紹介部門，事業主指導部門が連携し，雇用率未達成企業からの求人開拓，未達成企業への職業紹介を行っている。
> ○関係機関との連携
> 　的確な職業紹介を行うに当たって，より専門的な支援等が必要な場合に，地域障害者職業センターにおける専門的な職業リハビリテーションや，障害者就業・生活支援センターにおける生活面を含めた支援を紹介するなど，関係機関と連携した就職支援を行っている。

出所）厚生労働省「障害者の方への施策（ハローワーク）」
https://www.mhlw.go.jp/file/06-Seisakujouhou-11600000-Shokugyouanteikyoku/HW0000062618_1.pdf

が課されるなど，障害者雇用についての企業の意識の変化や就労を希望する障害者の増加により障害者雇用数は増加している。

（1）公共職業安定所（ハローワーク）

　公共職業安定所（ハローワーク）は，全国544か所に整備されている国の労働行政機関として，雇用の安定を図るための中枢的機能を果たす。公共職業安定

所における支援は，障害のある人や福祉関係機関に対する支援と，企業への支援・指導の大きく2つに分かれる。

　就職を希望する障害者へ障害者の態様に応じた職業紹介，職業指導，求人開拓などを行っている。

　具体的には，就職を希望する障害者に対して，専門の職員・職業相談員が，障害の態様や適性，希望職種などに応じ，きめ細かな職業相談，職業紹介，職場適応指導を実施する。

　また，障害者を雇用している事業主や，雇い入れようとしている事業主に対して，雇用管理上の配慮などについての助言を行う。

　さらに，事業主に対しては，必要に応じて，地域障害者職業センターなどの専門機関の紹介，各種助成金の案内を行うほか，一部の助成金の申請受付を行っている。

図表6－16　公共職業安定所を中心としたチーム支援

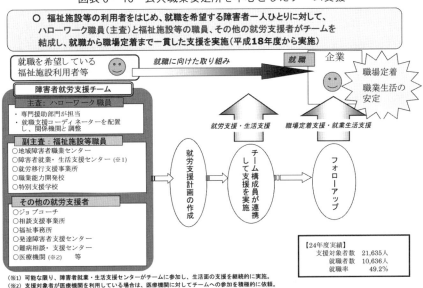

出所）厚生労働省職業安定局「高齢・障害者雇用対策部障害者雇用対策課発表資料」2014年5月
https://www.mhlw.go.jp/bunya/koyou/shougaisha/pdf/06e_1.pdf（2021年3月30日閲覧）

障害者を雇い入れる事業主に対して，経済的負担の軽減などのため，トライアル雇用助成金，特定求職者雇用開発助成金などの助成制度等がある。

（2）障害者職業センター

独立行政法人高齢・障害・求職者雇用支援機構により，地域障害者職業センターが，各都道府県に1か所（そのほか支所5か所）設置・運営されている。地域障害者職業センターは，公共職業安定所（ハローワーク）や地域の就労支援機関と連携し，身体障害者，知的障害者，精神障害者，発達障害者，高次脳機能障害のある人など，他の機関では支援が困難な障害者を中心に，専門職の「障害者職業カウンセラー」により，職業評価，職業指導から就職後のアフターケアに至る職業リハビリテーションを専門的かつ総合的に実施している。

なお，障害者職業センターには，地域障害者職業センターのほかに，先駆的な職業リハビリテーションサービスの提供や研究・開発，障害者雇用に関する情報の収集および提供，障害のある人の就労支援に携わる者の人材育成のための研修等を行い，職業関係施設の中核的な役割を担う障害者職業総合センター（全国1か所），障害者への職業リハビリテーションサービスを提供する広域障害者職業センター（全国2か所）の3種類がある。

（3）障害者就業・生活支援センター

障害のある人の職業生活における自立を図るために，福祉や教育等の地域の関係機関との連携の下，障害のある人の身近な地域で顔のみえる関係での就業面および生活面の両面における一体的な支援を行っている。2020（令和2）年4月現在335か所設置されており，すべての障害保健福祉圏域に設置する計画であり，約362か所の設置が目標となっている。

障害者就業・生活支援センターには，就業支援ワーカーと生活支援ワーカーが配置され，身近な地域で，雇用，保健福祉，教育等の関係機関との連携を図り，はたらくための支援とはたらき続けるための日常的な生活面での支援も

図表 6 −17　雇用と福祉のネットワーク

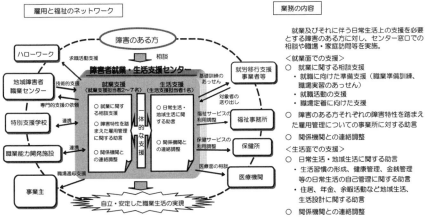

出所）厚生労働省「障害者の方への施策　障害者就業・生活支援センターの概要」
　　　https://www.mhlw.go.jp/content/000525099.pdf（2021年 3 月30日閲覧）

行っている。就業面と生活面の一体的な相談，支援として，生活習慣の形成や
健康管理，金銭管理等の自己管理に関する助言，住居・年金・余暇活動など地
域生活に関する助言を行っている。

　近年では，雇用される障害のある人の数が増加し，企業からの相談の半数以
上を定着支援が占めるなど，定着支援の取り組みの重要性が高まっている。

（4）障害者職業訓練機関

　職業能力開発促進法（昭和44年法律第64号）に基づき，国や都道府県による障
害者職業能力開発校が2020（令和 2 ）年12月現在，全国で19校（国立13校，府県
立 6 校）設置されている。障害者職業能力開発校は，訓練生の身体的又は精神
的な事情等に配慮し職業訓練等を実施している。また，都道府県が設置・運営
する一般の職業能力開発校における障害者対象訓練科の設置も2020（令和 2 ）年

図表 6 −18　障害者の多様なニーズに対応した委託訓練

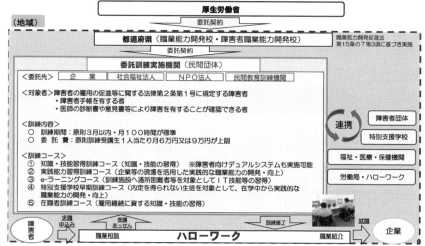

出所）厚生労働省「障害者の方への施策 障害者職業能力開発校」
　　　https://www.mhlw.go.jp/content/itaku.pdf（2021年 3 月30日閲覧）

現在，全国に29か所設置されており，障害者の訓練コースを設置し教育訓練事業を実施している。

　また，ハローワーク求職障害者の就職を実現する等のため，国と都道府県とが民間の委託訓練実施先（企業，社会福祉法人，NPO法人，民間教育訓練機関等）を活用し，障害者が住む身近な地域で多様な職業訓練を実施することにより，障害者の職業能力の開発・向上を図っている。

（5）その他支援機関

1 ）在宅就業障害者への支援

　障害の状況等により，在宅で仕事を行う障害者が増加している。これは，IT技術等の進展や働き方改革，新型コロナウイルス感染症による新しい生活様式の提案などに伴い，在宅ワークの流れは障害者に限らず加速している。国では，

在宅就業者への仕事の確保を支援するため，在宅就業支援団体が厚生労働大臣による登録を受け，在宅就業希望者に就業機会の確保や提供を行ってきた。

　図表6－19は，在宅就業障害者（自宅等において就業する障害者）に仕事を発注する企業に対して，障害者雇用納付金制度において，特例調整金・特例報奨金を支給する①の発注ケースや，企業が在宅就業支援団体（在宅就業障害者に対する支援を行う団体として厚生労働大臣に申請し，登録を受けた法人）を介して在宅就業障害者に仕事を発注する場合に，特例調整金・特例報奨金を支給する②の発注のケースなどが想定されている。※ 特例調整金等の支給事務は，障害者雇用納付金，障害者雇用調整金等と同様，高齢・障害・求職者雇用支援機構において取り扱っている。

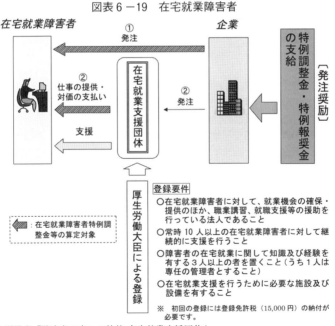

図表6－19　在宅就業障害者

出所）厚生労働省「障害者の方への施策 在宅就業支援団体」
https://www.mhlw.go.jp/file/06-Seisakujouhou-11600000-Shokugyouanteikyoku/0000128291.pdf（2021年3月30日閲覧）

障害者雇用施策：障がい者千五百人雇用（岡山県総社市）

　岡山県総社市は，岡山市と倉敷市に隣接する人口約7万人の小規模な地方都市です。「全国屈指の福祉文化先駆都市」を総合計画の基本構想に掲げ，福祉先駆都市を目指す総社市。その福祉政策の大きな柱の一つとして，障がい者千五百人雇用が位置づけられています。

　総社市は，平成30年7月に西日本を襲った豪雨災害で大きな被害を受けましたが，官民一体となって，市民に寄り添う福祉都市に向かって復興に取り組んでいます。

　そんな岡山県総社市で取り組んでいる，障害者雇用施策「障がい者千五百人雇用事業」をご紹介します。この事業の発端は，平成20年のリーマンショックに遡ります。当時，一般の方でも離職が進み，過去最低の有効求人倍率（0.29倍）といった様子でした。そんな中，平成21年度に同市の社会福祉協議会に委託し，職員を派遣するなど協働体制で相談支援センター（現，障がい者基幹相談支援センター）を立ち上げました。

　立ち上げ準備段階で，ちょうど第2期障がい福祉計画の策定のための準備が進んでおり，市では，手帳（身体障害者手帳・療育手帳・精神保健福祉手帳）のある方全員への調査を予定していたため，開設予定のお知らせと，センターのスタッフが個別に自宅を訪問しても良いかどうかを尋ねるアンケートを同封して発送することになりました。

　このアンケートの結果，市内に約3,000人の障害者のうち，訪問しても良いと返事があった約1,000人の方への全戸訪問が始まりました。これがスタッフ4人で立ち上がったセンターの最初の仕事となりました。

　全戸訪問を始めた2009（平成21）年は，2012（平成24）年から始まった計画相談支援による個別給付が始まる前で，全戸訪問を行うと，これまでに把握していなかった世帯の状況がいろいろと明らかになっていきました。

　たとえば，支援学校を卒業して，いったんは就職できたが，職場になじめずに退職し，そのまま自宅にひきこもって生活している若い障害者のいる世帯がありました。そんなお家に訪問させていただくと両親から，「もしも私たちに何かあったら，この子はどうなってしまうのでしょうか」といった相談が幾度となく繰り返されていきました。

　こんな中，同市では相談支援センターが事務局を担い，自立支援協議会も設置し，さまざまな専門部会も動き出しました。専門部会に所属する障害児の親なども「学校卒業後に社会から受け入れてもらえるか不安」「この子の将来を考えてほしい」といった声を集約し，市へ届け続けていきます。

　先述のリーマンショックの影響もあり，冷え込んだ雇用環境でしたが，片岡聡

一総社市長は，「こんな時こそ社会的弱者である障害者を支援すべきだ」「本当に困っているのは，学校を卒業してからの暮らしだ」「支援学校を卒業した障害者の就職の受け皿をつくる」と着想し，平成23年４月に障がい者千人雇用事業（現，障がい者千五百人事業）をスタートしました。

　具体的な取り組みとしては，平成23年７月にはハローワークと協定し，ハローワーク内に就労支援ルームを設置。平成23年10月には商工会議所と包括協定を締結。平成23年12月には，市・市民・企業の役割を明文化した理念条例である「障害者千人雇用推進条例」を制定。平成24年には，社会福祉協議会へ委託し，障害者雇用のマッチングや雇用の継続支援の実働部隊としての「障がい者千人雇用センター（現，障がい者千五百人雇用センター）」の設置，を行いました。

　そして，平成29年５月，目標の千人を達成し，平成29年９月から新たに数値目標を1,500人に設定し，障害者千五百人雇用として再び挑戦しています。

　この千人雇用の名前の由来ですが，当時，身体・療育・精神の手帳所持者数が約3,200人，そのうち，就労年齢である18〜64歳の人数が約1,200人，この中で実際に就労していた人数を調査したところ，180人ということだったので，残りの約1,000人を就労に結びつけるという目標を掲げて千人雇用という名前でスタートしています。

　実際の就労者数ですが，下のグラフからも分かるように，右肩上がりに増加しています。毎月集計を行い，離職者はマイナスし，実数に近い数となっています。

　このように，人口約7万人の地方都市であっても，市長の強いリーダーシップのもと，官民一体となって取り組めば，障害者雇用が進み，社会参加の機会が大きく広がることが証明されています。

参考：総社市「障がい者千五百人雇用」
https://www.city.soja.okayama.jp/fukushi/shogaisha/senninkoyou/sengohyakunin_top.html
（2021年３月30日閲覧）

引用・参考文献
日本ソーシャルワーク教育学校連盟編『最新 社会福祉士養成講座 精神保健福祉士養成講座 8 障害者福祉』中央法規，2021年
独立行政法人 国立特別支援教育総合研究所『LD・ADHD・高機能自閉症等を含む障害のある子どもへの支援のために 特別支援教育コーディネーター実践ガイド』2006年
内閣府『障害者白書』（各年版）
日本相談支援専門員協会監修「障害者相談支援従事者研修テキスト 初任者研修編」中央法規，2020年
社会福祉法人 全国社会福祉協議会「障害福祉サービスについて」全国社会福祉協議会，2018年

186

厚生労働省「障害者の方への施策」（ホーム > 政策について > 分野別の政策一覧 >
雇用・労働 > 雇用 > 障害者雇用対策 > 施策紹介 > 障害者の方への施策）
https://www.mhlw.go.jp/stf/seisakunitsuite/bunya/koyou_roudou/koyou/
shougaishakoyou/shisaku/shougaisha/index.html（2021年3月30日閲覧）
菱村幸彦編『よくわかる最新教育法規の改正点―最新法令改正のポイントを解説』
教育開発研究所，2008年
独立行政法人 厚生労働省・高齢・障害者雇用支援機構「ホームページダイレクトア
クセス」2018年
https://www.jeed.go.jp/jeed/q2k4vk000001ki22-att/a1584341645051.pdf（2021年
3月30日閲覧）

読者のための参考図書

独立行政法人 高齢・障害・求職者雇用支援機構「障害者の雇用支援」
https://www.jeed.go.jp/disability/data/index.html（2021年3月30日閲覧）
　障害者の雇用状況，障害者雇用に関する制度・サービス等をコンパクトにまと
めたパンフレットや資料等が閲覧できる。

演習問題

① 　障害を有する児童・生徒の教育保障は，現在どのような法律改正が行われ，
特別支援教育の対象がどのようになったか調べてみよう。
② 　障害者福祉の関連分野において，障害者総合支援法や発達障害者支援法お
よび学校教育法等の一部を改正する法律の制定により従来の制度がどのよう
に変革されたか調べてみよう。
③ 　障害者福祉の関連分野にはどのような分野があり，各分野における法制度
および各施策はどのようなものがあるがを調べてみよう

✻考えてみよう

❶ 　自分の住む都道府県あるいは市町村の障害者福祉計画を整理してみよう。
❷ 　法定雇用率と雇用義務について整理してみよう。
❸ 　「特別支援教育」における，課題について検討し，その解決方法について考
えてみよう。

第7章　障害者福祉に関する法律と関連施策

障害者に関連する主な法律等を概観すると，① 社会福祉関連，② 保健・医療関連，③ 交通・建築物関連等，④ 年金関連等，⑤ 税制関連，⑥ 教育関連，⑦ 雇用・労働関連，⑧ 通信・情報関連，⑨ 民法・権利関連等，⑩ その他に分けられる。当然ではあるが，生活，労働，教育，保険，年金，基本的権利，所得保障など日本国憲法で保障されたすべてに渡る。

キーワード　心神喪失者等医療観察法，バリアフリー，障害者の雇用の促進等

1．障害者に関わる法体系

　障害者を支えるさまざまな取り組みは，障害者基本法を土台に，障害種別ごとの法律，保健・医療，福祉，雇用・就労，教育，所得保障，建築，交通など領域が幅広く多岐にわたり，各分野にそれぞれの法律や制度が存在する。障害者基本法は，障害者福祉施策の基本となる事項や国および地方公共団体の役割を規定したもので，この法律を基本に，各法律がそれぞれの機能を果たす（図表7－1）。

2．障害者の雇用の促進等に関する法律（障害者雇用促進法）[1]

　障害者の雇用の促進等に関する法律（障害者雇用促進法）は，1960（昭和35）年7月25日に「身体障害者雇用促進法」（昭和35年法律第123号）として施行され，1976（昭和51）年には，身体障害者の雇用が義務化された。1987（昭和62）年の改正では，障害者の雇用の促進等に関する法律（障害者雇用促進法）に法律名が改題されると同時に知的障害者が適用対象として加えられた。1997（平成9）年

188

図表 7 - 1　障害者施策に関する主な法律の体系

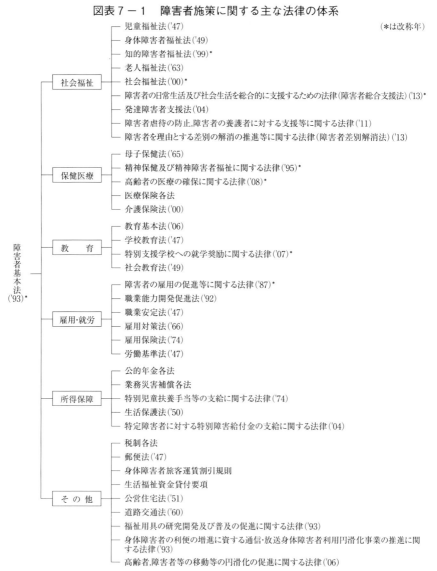

（＊は改称年）

障害者基本法（'93）＊

社会福祉
- 児童福祉法（'47）
- 身体障害者福祉法（'49）
- 知的障害者福祉法（'99）＊
- 老人福祉法（'63）
- 社会福祉法（'00）＊
- 障害者の日常生活及び社会生活を総合的に支援するための法律（障害者総合支援法）（'13）＊
- 発達障害者支援法（'04）
- 障害者虐待の防止，障害者の養護者に対する支援等に関する法律（'11）
- 障害を理由とする差別の解消の推進等に関する法律（障害者差別解消法）（'13）

保健医療
- 母子保健法（'65）
- 精神保健及び精神障害者福祉に関する法律（'95）＊
- 高齢者の医療の確保に関する法律（'08）＊
- 医療保険各法
- 介護保険法（'00）

教育
- 教育基本法（'06）
- 学校教育法（'47）
- 特別支援学校への就学奨励に関する法律（'07）＊
- 社会教育法（'49）

雇用・就労
- 障害者の雇用の促進等に関する法律（'87）＊
- 職業能力開発促進法（'92）
- 職業安定法（'47）
- 雇用対策法（'66）
- 雇用保険法（'74）
- 労働基準法（'47）

所得保障
- 公的年金各法
- 業務災害補償各法
- 特別児童扶養手当等の支給に関する法律（'74）
- 生活保護法（'50）
- 特定障害者に対する特別障害給付金の支給に関する法律（'04）

その他
- 税制各法
- 郵便法（'47）
- 身体障害者旅客運賃割引規則
- 生活福祉資金貸付要項
- 公営住宅法（'51）
- 道路交通法（'60）
- 福祉用具の研究開発及び普及の促進に関する法律（'93）
- 身体障害者の利便の増進に資する通信・放送身体障害者利用円滑化事業の推進に関する法律（'93）
- 高齢者，障害者等の移動等の円滑化の促進に関する法律（'06）

出所）社会福祉の動向編集委員会編『社会福祉の動向　2017』中央法規，2017年，185頁

には，知的障害者の雇用も義務化された。2006（平成18）年4月からは精神障害者保健福祉手帳を所持する精神障害者も適用対象となった（精神障害者についての雇用義務はない）。2013（平成25）年の法改正では，「障害者の権利に関する条約」の批准に向けた事項等が盛り込まれた。

（1）障害者雇用促進法の概要

　障害者雇用促進法には，障害者の職業生活を安定させること，障害者の雇用促進を進めていくために，必要となる政策について規定，障害者であることにより生じる雇用上の不平等をなくすための方策について規定，職業リハビリテーションの実施などが明記され，企業が障害者を雇用できる環境を整えるための各種施策が規定されている。

　2002（平成14）年の改正では，障害者雇用支援施策として，障害者就業・生活支援センターにおける支援事業や，職場適応援助者（ジョブコーチ）事業が創設された。その後も障害者雇用の施策は拡大を続けている。障害者就労支援基盤整備事業では，就労移行支援事業所などの福祉施設に対して，障害者雇用に実績のある企業関係者などのノウハウを活用する就労支援セミナーの実施等により，福祉施設における就労支援機能の向上を図っている。

　2013（平成25）年の改正では，①障害者に対する差別の禁止および合理的配慮の提供義務として，雇用の分野における障害を理由とする差別的取扱いの禁止と事業主に障害者が職場で働くに当たっての支障を改善するための措置を講ずることを義務づけた（合理的配慮の提供義務）。それに伴い，②苦情処理・紛争解決援助として，事業主に対して雇用する障害者からの苦情を自主的に解決することを努力義務化と障害者である労働者と事業主との間の紛争について，個別労働関係紛争の解決の促進に関する法律の特例（紛争調整委員会による調停や都道府県労働局長による勧告等）を整備することなどが規定された。また，③法定雇用率の算定基礎の見直しとして，法定雇用率（図表7－2）の算定基礎に精神障害者を追加（精神障害者を雇用義務対象に追加）とともに，④障害者の範囲

図表7－2　障害者雇用率の算出方法

障害者雇用率＝（身体・知的及び精神障害者である常用労働者数＋失業している身体・知的及び精神障害者数（注1））／（常用労働者数＋失業者数－除外率相当労働者数（注2））

注1：2018（平成30）年4月から，算定基礎に精神障害者が追加された。

注2：一律に法定雇用率を適用することになじまない性質の職務について，事業主負担を調整する観点から，特定の業種について定めた割合（除外率）により雇用義務の軽減を図る制度であるが，2002（平成14）年の法改正により，段階的に廃止・縮小することになった。

において，発達障害が精神障害に含まれることを明確化された。

（2）目　　的

　この法律の目的は，第1条に規定されており，障害者の雇用義務等に基づく雇用の促進等のための措置および職業リハビリテーションの実施やその他障害者がその能力に適合する職業に就くこと等を通じてその職業生活において自立することを促進するための措置を総合的に講じることにより，障害者の職業の安定を図ることを目的としている。

（3）障害者雇用率制度

　「すべての事業主は，社会連体の理念に基づき，障害者雇用に関して共同の責任を負う」との観点に立って，事業主の責務として障害者雇用が法的義務とされ，企業全体の雇用率が定められている。

　原則的には法定雇用率として，民間企業においては2.3％，特殊法人等および国・地方公共団体においては2.6％，都道府県等におかれる教育委員会では2.5％とされている（図表7－3）。

　1週間の所定労働時間が30時間以上の重度の知的障害者および身体障害者については，1人を2人として算定（ダブルカウント）され，精神障害者などでは短時間労働（20時間以上30時間未満）を行う者については，0.5人とカウントされていたが，① 新たな雇入れから3年以内であること，もしくは精神障害者保健福祉手帳の交付日から3年以内であること，② 精神障害者保健福祉手帳取得

図表 7 － 3　各企業・機関における法定雇用率

事業主区分	2021年　法定雇用率
民間企業（常用雇用労働者45.5人以上）	2.3%
地方公共団体，特殊法人など	2.6%
都道府県などの教育委員会	2.5%

図表 7 － 4　雇用率の例外規定

対　　象	規定内容
短時間労働者 （週所定労働時間20時間以上30時間未満）	1 人を0.5人として計算＊ 重度身体障害者又は重度知的障害者については一人として計算
週30時間以上働く 重度身体障害者又は重度知的障害者	1 人を 2 人として計算

＊2018（平成30）年度から，精神障害者である短時間労働者については 1 人として算定可能となった（新規雇入れから 3 年以内の者又は精神障害者保健福祉手帳取得から 3 年以内の者に係るカウントであり，2023年 3 月末までに雇い入れられた者が対象）。

から 3 年以内，かつ，2023年 3 月31日までに雇入れられ精神障害者保健福祉手帳を取得した者，のいずれかの要件を満たす精神障害者については， 1 人とカウントされることとなった（図表 7 － 4 ）。

　また，事業主が障害者の雇用に特別の配慮をした子会社（特例子会社）を設立し，一定の条件を満たす場合は，その子会社に雇用されている障害者を親会社に雇用されているものとみなして，実雇用率を算定することができる。

（4）障害者雇用納付金制度等

　障害者雇用率を満たしていない企業から障害者雇用納付金を徴収し，これによって障害者を多く雇用している企業に対して，障害者雇用調整金や報奨金を支給するとともに，障害者雇用の際に必要な作業設備や職場環境を改善，あるいは特別の教育訓練を行う場合の助成金を支給する制度である。障害者雇用納付金は，罰則金ではないため，納付金を納めたことで障害者雇用義務を免じるものではない。なお，納付金適用対象範囲は，常用雇用者数101人以上の企業と

図表7－5　障害者雇用納付金・障害者雇用調整金・報奨金

障害者雇用納付金	常用雇用労働者数が100人を超える企業が法定雇用率の不足人数に対して月額5万円を掛けた金額を納付
障害者雇用調整金	常用雇用労働者数が100人を超える企業が法定雇用率から超えた人数に対して月額2万7,000円を掛けた金額を支給
報奨金	常用雇用労働者数が100人以下の事業主で,各月の雇用障害者数の年度間合計数が一定数を超えている場合,超えた人数に2万1,000円を掛けた金額を支給。

なっている（図表7－5）。

（5）職業リハビリテーションの推進

　必要に応じて，医学的，社会的リハビリテーションを実施するにあたり，障害者各人の障害の種類および程度ならびに希望，適性，職業経験等の条件に応じ，総合的かつ効果的に実施されなければならないとされている。具体的内容の概要は以下のとおりである。

① ハローワーク（公共職業安定所）における職業紹介や，障害者職業センターにおける雇用情報の収集・分析，障害者職業カウンセラーや職場適応援助者（ジョブコーチ）による職場適応支援

② 障害者職業センターによる職業能力等の評価・判定および障害者職業能力開発校等における職業訓練の実施

③ 障害者就業・生活支援センターによる指導・助言，関係機関との連絡調整，障害者職業センター等による職業訓練を受けることの斡旋

3．障害者の養護者に対する支援等に関する法律（障害者虐待防止法）[2]

　障害者の養護者に対する支援等に関する法律（障害者虐待防止法）は，障害者虐待の防止，虐待を受けた障害者の保護および自立支援，養護者に対する支援を行い，障害者の権利を擁護すること目的に，2011（平成23）年6月24日公布

（平成23年法律第79号），2012（平成24）年10月１日施行された。

　第１条では，「障害者に対する虐待が障害者の尊厳を害するものであり，障害者の自立及び社会参加にとって障害者に対する虐待を防止することが極めて重要であること等に鑑み，障害者に対する虐待の禁止，障害者虐待の予防及び早期発見その他の障害者虐待の防止等に関する国等の責務，障害者虐待を受けた障害者に対する保護及び自立の支援のための措置，養護者の負担の軽減を図ること等の養護者に対する養護者による障害者虐待の防止に資する支援のための措置等を定めることにより，障害者虐待の防止，養護者に対する支援等に関する施策を促進し，もって障害者の権利利益の擁護に資することを目的とする」と規定されている。

（1）対　　象

　この法律において，障害者とは，障害者基本法第２条第１号に規定する障害者をいい，「身体障害，知的障害，精神障害（発達障害を含む。）その他の心身の機能の障害がある者であって，障害及び社会的障壁により継続的に日常生活又は社会生活に相当な制限を受ける状態にあるもの」（障害者基本法第２条第１号）と規定している。

（2）障害者虐待等の規定

　本法では，障害者虐待を養護者による障害者虐待，障害者福祉施設従事者等による障害者虐待，使用者による障害者虐待と規定している（図表7－6）。

（3）虐待の行為

　障害者虐待の行為を整理すると，身体的虐待，性的虐待，ネグレクト，心理的虐待，経済的虐待に大別できる（図表7－7）。

194

図表7－6　障害者虐待

養護者による障害者虐待	障害者を現に養護する者による虐待の行為
障害者福祉施設従事者等による障害者虐待	障害者の日常生活及び社会生活を総合的に支援するための法律（障害者総合支援法）に規定している障害者支援施設，独立行政法人国立重度知的障害者総合施設のぞみの園法に規定されている「のぞみの園」，障害者総合支援法に規定している障害福祉サービス事業・一般相談支援事業・特定相談支援事業・移動支援事業・地域活動支援センター・福祉ホーム等に従事する者による虐待の行為
使用者による障害者虐待	障害者を雇用する事業主または事業の経営担当者等による虐待の行為である。

図表7－7　　障害者虐待の行為の種類

種　　類	内　　容	例　　示
身体的虐待	障害者の身体に外傷が生じ，または生じる恐れのある暴行を加えること	殴る，蹴る，たばこをおしつける
性的虐待	障害者にわいせつな行為をすることまたは障害者をしてわいせつな行為をさせること	性交，性的暴力，性的行為の強要
放棄・放置（ネグレクト）	障害者の心理の正常な発達を妨げるような著しい減食または長時間の放置その他第三者が障害者を虐待することを放置すること	栄養不良のまま放置する，病気の看護を怠る
心理的虐待	障害者に対する著しい暴言または著しい拒絶対応など障害者に著しい心理的外傷を与える言動を行うこと	成人の障害者を子ども扱いするなど自尊心を傷つける
経済的虐待	障害者の所持する年金等を流用するなど財産の不当な処分を行うこと	同意を得ない年金の流用など財産の不当な処分

（4）障害者虐待防止等の仕組み

障害者虐待防止法では，国および地方公共団体等に対して，障害者の虐待の防止に関わる責務や，障害者虐待の早期発見の努力義務規定を課している。

① 国および地方公共団体の責務については，以下のとおりである。

② 関係省庁相互間その他関係機関および民間団体の間の連携の強化，民間団体の支援その他必要な体制の整備に努めなければならない

③ 専門的知識および技術を有する人材の確保および資質向上のための研修

図表 7 - 8　障害者虐待防止等の仕組み

養護者による障害者虐待	障害者福祉施設従事者等による障害者虐待	使用者による障害者虐待
［市町村の責務］相談等，居室確保，連携確保	［設置者等の責務］当該施設等における障害者に対する虐待防止等のための措置を実施	［事業主の責務］当該事務所における障害者に対する虐待防止等のための措置を実施
［スキーム］ 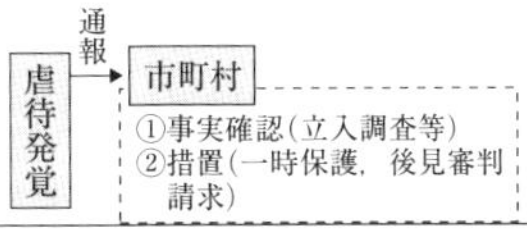	［スキーム］ 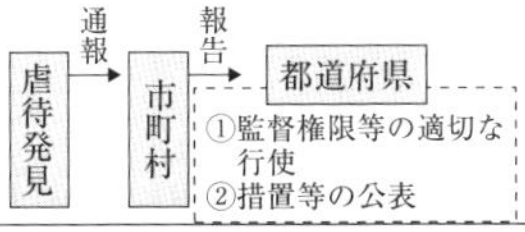	［スキーム］ 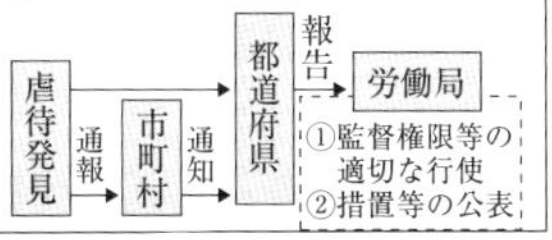

出所）厚生労働省「障害者虐待の防止，障害者の養護者に対する支援等に関する法律の概要」より作成

等必要な措置を講ずるよう努めなければならない

④ 障害者虐待に係る通報義務，人権侵犯事件に係る救済制度等について必要な広報その他の啓発活動を行う

⑤ 関係機関は，相互に緊密な連携を図りつつ，障害者虐待の早期発見に努めなければならない

また，国民に対しても，障害者虐待を受けたと思われる障害者を発見した場合，速やかな通報を義務づけており，養護者又は障害者福祉施設従事者等による障害者虐待を受けたと思われる障害者を発見した場合は市町村に，使用者による障害者虐待を受けたと思われる障害者を発見した場合は，市町村又は都道府県に通報しなければならない。

障害者虐待防止等について，それぞれ「養護者による障害者虐待の防止等」「障害者福祉施設従事者等による障害者虐待の防止等」「使用者による障害者虐待の防止等」の仕組みが異なっている（図表 7 - 8）。

1）養護者による障害者虐待の防止等

養護者による障害者虐待を受けたと思われる障害者を発見した者は，速やかに市町村に通報する義務がある。障害者虐待を受けた障害者自身が市町村に届

196

け出ることもできる。市町村は，障害者の安全の確認，通報および届出にかかる事実の確認,市町村障害者虐待対応協力者（市町村障害者虐待防止センター）と対応の協議，障害者支援施設等への入所等の措置，精神障害者・知的障害者に対する後見開始等の審判の請求等の措置を行う。また，その対応として，障害者支援施設等の居室の確保，障害者の生命または身体に重大な危険が生じているおそれがあると認められるときの，障害者の住所または居所への立ち入り調査，立ち入り調査等で必要のある場合の，管轄する警察署長への援助要請等，障害者支援施設等への入所等の措置が採られた場合の，市町村長または障害者支援施設等の長等による面会の制限，障害者（18歳未満の障害者を含む）の養護者の負担の軽減のため，養護者に対する相談，指導および助言等を行うことになっている。

2）障害者福祉施設従事者等による障害者虐待の防止等

　障害者福祉施設従事者等による障害者虐待の防止等においては，障害者虐待を受けたと思われる障害者を発見した者は，速やかに，市町村に通報する義務がある。虐待を受けた障害者自身が市町村に届け出ることもできる。障害者福祉施設の設置者等は，職員に研修をするなどして障害者虐待の防止等の措置を講じなければならない。

　通報を受けた市町村等は，都道府県等に報告義務がある。市町村長または都道府県知事は，社会福祉法および障害者総合支援法等の規定による監督権限等を適切に行使する。都道府県知事は，毎年度，障害者福祉施設従事者等による障害者虐待の状況，障害者虐待があった場合に採った措置等を公表する。

3）使用者による障害者虐待の防止等

　使用者による障害者虐待の防止等について，使用者による虐待を受けたと思われる障害者を発見した者は，速やかに，市町村または都道府県等に通報する義務がある。虐待を受けた障害者自身が市町村または都道府県に届け出ること

もできる。障害者を雇用する事業主は，労働者の研修の実施，苦情処理の体制整備，虐待防止等の措置を講じなければならない。

通報を受けた市町村は，都道府県に通知する義務がある。また，虐待の通報や届出または市町村からの通知を受けた都道府県は，虐待に関する事項を，管轄する都道府県労働局に報告しなければならない。

都道府県労働局長等は，労働基準法，障害者の雇用の促進等に関する法律，個別労働関係紛争の解決の促進に関する法律等の規定により権限を適切に行使する。また，厚生労働大臣は，毎年度，使用者による障害者虐待の状況，使用者による障害者虐待があった場合に採用した措置等を公表する。

（5）市町村障害者虐待防止センター・都道府県障害者権利擁護センター

市町村および都道府県には，福祉事務などの障害者福祉を担当する部局又は市町村，都道府県の施設において，それぞれ市町村障害者虐待防止センター，都道府県障害者権利擁護センターの機能を果たすことが規定されている（図表7－9）。

図表7－9　市町村障害者虐待防止センター，都道府県障害者権利擁護センターの役割

項　　目	内　　容
市町村障害者虐待防止センター	• 養護者，障害者福祉施設従事者等，使用者による障害者虐待に関する通報又は届出の受理 • 養護者による障害者虐待の防止および養護者による障害者虐待を受けた障害者の保護のための相談，指導および助言 • 障害者虐待の防止および養護者に対する支援に関する広報・啓発
都道府県障害者権利擁護センター	• 使用者による虐待に関する通報又は届出の受理 • 市町村が行う措置に関する市町村相互間の連絡調整，市町村に対する情報提供，助言その他の援助 • 障害者および養護者支援に関する相談，相談機関の紹介 • 障害者および養護者支援のための情報提供，助言，関係機関との連絡調整 • 障害者虐待の防止および養護者支援に関する情報の収集分析，提供 • 障害者虐待の防止および養護者支援に関する広報・啓発 • その他障害者虐待の防止等のために必要な支援

4．高齢者，障害者等の移動等の円滑化の促進に関する法律（バリアフリー新法）[3]

　高齢者,障害者等の移動等の円滑化の促進に関する法律（バリアフリー新法）は，それまで別々の法律に基づき実施されてきた，交通車両や施設のバリアフリー対策（交通バリアフリー法）と建物のバリアフリー対策（ハートビル法）を統合し，2006（平成18）年6月に公布（平成18年法律第91号），同年12月に施行された。

　2018（平成30）年5月に一部改正が行われ（法律第32号），共生社会の実現，一億総活躍社会の実現の必要性から，高齢者，障害者だけでなく，子育て世代などすべての人びとが安心して生活，移動できる環境の実現を目的とした理念規定を設けられた。

　また，バリアフリーに関するハード面とソフト面の一体的取り組みや，地域における取り組みの強化も規定し，単に交通車両や施設のバリアフリーだけでなく，高齢者，障害者等が日常生活や社会生活を営むうえで障壁となる制度，慣行，観念その他の一切のものを排除し，全国民がともに暮らしていくことのできる共生社会の実現をめざすといった，幅広いものである。

（1）目　　的

　法の目的は，第1条に示されており，「この法律は，高齢者，障害者等の自立した日常生活及び社会生活を確保することの重要性にかんがみ，公共交通機関の旅客施設及び車両等，道路，路外駐車場，公園施設並びに建築物の構造及び設備を改善するための措置，一定の地区における旅客施設，建築物等及びこれらの間の経路を構成する道路，駅前広場，通路その他の施設の一体的な整備を推進するための措置その他の措置を講ずることにより，高齢者，障害者等の移動上及び施設の利用上の利便性及び安全性の向上の促進を図り，もって公共の福祉の増進に資することを目的とする」と記載されている。

（2）定　義

同法において「高齢者，障害者等」とは，「高齢者又は障害者で日常生活又は社会生活に身体の機能上の制限を受けるものその他日常生活又は社会生活に身体の機能上の制限を受ける者をいう」と規定されている。また，従来は，身体障害者に限定されていた「障害者」が，新法以降，すべての障害者を対象となった。

（3）国，地方公共団体，施設設置管理者等，国民の責務

移動等円滑化を総合的かつ計画的に推進するため，主務大臣が移動等円滑化の意義および目標に関する事項や，移動等円滑化のために施設設置管理者が講ずべき措置に関する基本的な事項など定めた「移動等円滑化の促進に関する基本方針」（図表7－10）に基づき，国や地方公共団体等には，責務を課している（図表7－11）。

（4）対象物

バリアフリーの対象物を拡大し，日常生活で利用する施設（道路，駐車場，公園など）を含め，生活空間全体のバリアフリー化を図るための措置を講ずることを規定しており，駅を中心とした地区や高齢者や障害者などが利用する施設が集中する地区（重点整備地区）など，全体のバリアフリー化を促進させるものとなっている。

また，公共機関の旅客施設や車両，道路，路外駐車場，都市公園，建築物については，新設，改良時のバリアフリー化基準（移動等円滑化基準）の適合義務が定められている。

（5）移動等円滑化基本構想

市町村は，基本方針に基づき，単独で又は共同して，当該市町村の区域内の重点整備地区について，移動等円滑化に係る事業の重点的かつ一体的な推進に関する基本的な構想（基本構想）を作成することができる。

200

図表 7 －10　移動等円滑化の促進に関する基本方針

基本方針（主務大臣）

- 移動等の円滑化の意義及び目的
- 公共交通事業者，道路管理者，路外駐車場管理者，公園管理者，特定建築物の所有者が移動等の円滑化のために講ずべき措置に関する基本的事項
- 市町村が作成する基本構想の指針

関係者の責務

- 関係者と協力しての施策の持続的かつ段階的な発展（スパイラルアップ）【国】
- 心のバリアフリーの促進【国及び国民】
- 移動等円滑化の促進のために必要な措置の確保【施設設置管理者等】
- 移動等円滑化に関する情報提供の確保【国】

基準適合義務等

以下の施設について，新設等に際し移動等円滑化基準に適合させる義務
既存の施設を移動等円滑化基準に t 揮毫させる努力義務

- 旅客施設及び車両等
- 一定の道路（努力義務はすべての道路）
- 一定の路外駐車場
- 都市公園の一定の公園施設（園路　等）
- 一定の特別特定建築物（百貨店，病院，福祉施設等の不特定多数又は主として高齢者，障害者等が利用する建築物）

上記の基準適合義務対象となっている特別特定建築物以外の特定建築物（事務所ビル等の多数が利用する建築物）の建築等に際し移動等円滑化基準に適合させる努力義務（地方公共団体が条例により義務化可能）

誘導基準に適合する特定建築物の建築物等及び維持保全の計画の特定制度

重点整備地区における移動等の円滑化の重点的・一体的な推進

住民等による基本構想の作成提案

基本構想（市町村）

- 旅客施設，公官庁施設，福祉施設その他の高齢者，障害者等が生活場利用する施設の所在する一定の地区を重点整備地区として指定
- 重点整備地区内の施設や経路の移動等の円滑化に関する基本的事項を記載　等

協議

協議会

市町村，特定事業を実施すべき者，施設を利用する高齢者，障害者等により構成される協議会を設置

事業の実施

- 公共交通事業者，道路管理者，路外駐車場管理者，公園管理者，特定建築物の所有者，公安委員会が，基本構想に沿って事業計画を作成し，事業を実施する義務（特定事業）
- 基本構想に定められた特定事業以外の事業を実施する努力義務

支援措置

- 公共交通事業者が作成する計画の認定制度
- 認定を受けた事業者に対し，地方公共団体が助成を行う場合の地方債の特例　等

移動等円滑化経路特定

重点整備地区内の土地の所有者等が締結する移動等の円滑化のための経路の整備又は管理に関する協定の認可制度

出所）https://www.8.cao.go.jp/shougai/whitepaper/h24hakusho/zenbun/column/column21.html（2021年３月30日閲覧）

図表 7 −11　国，地方公共団体，施設設置管理者等，国民の責務

項　　　目	内　　　容
国の責務 （第 4 条）	• 国は，高齢者，障害者等，地方公共団体，施設設置管理者その他の関係者と協力して，基本方針およびこれに基づく施設設置管理者の講ずべき措置の内容その他の移動等円滑化の促進のための施策の内容について，移動等円滑化の進展の状況等を勘案しつつ，これらの者の意見を反映させるために必要な措置を講じた上で，適時に，かつ，適切な方法により検討を加え，その結果に基づいて必要な措置を講ずるよう努めなければならない • 国は，教育活動，広報活動等を通じて，移動等円滑化の促進に関する国民の理解を深めるとともに，その実施に関する国民の協力を求めるよう努めなければならない
地方公共団体の責務 （第 5 条）	地方公共団体は，国の施策に準じて，移動等円滑化を促進するために必要な措置を講ずるよう努めなければならない
施設設置管理者等の責務 （第 6 条）	施設設置管理者は，高齢者，障害者等が日常生活又は社会生活において利用する施設を設置し，又は管理する者は，移動等円滑化のために必要な措置を講ずるよう努めなければならない
国民の責務 （第 7 条）	国民は，高齢者，障害者等の自立した日常生活および社会生活を確保することの重要性について理解を深めるとともに，これらの者の円滑な移動および施設の利用を確保するために協力するよう努めなければならない

●移動等円滑化基本構想に定められる事項

① 重点整備地区の位置および区域

② 生活関連施設および生活関連経路並びにこれらにおける移動等円滑化に関する事項

③ 生活関連施設，特定車両および生活関連経路を構成する一般交通用施設について移動等円滑化のために実施すべき特定事業その他の事業に関する事項（旅客施設の所在地を含まない重点整備地区にあっては，当該重点整備地区と同一の市町村の区域内に所在する特定旅客施設との間の円滑な移動のために実施すべき特定事業その他の事業に関する事項を含む）

④ 前号に掲げる事業と併せて実施する土地区画整理事業，市街地再開発事業その他の市街地開発事業に関し移動等円滑化のために考慮すべき事項，自

転車その他の車両の駐車のための施設の整備に関する事項その他の重点整備地区における移動等円滑化に資する市街地の整備改善に関する事項その他重点整備地区における移動等円滑化のために必要な事項

（6）2018（平成30）年の改正のポイント

今回の改正のポイントは以下のとおりである。

① 心のバリアフリーの明記

　　高齢者，障害者等に対する支援の努力義務を規定（声かけなど）

② ハード面とソフト面一体の取り組み推進

⑴ 車両，道路，建物の物理的改善だけでなく，接遇・研修のあり方を含むソフト面の対策メニューを国土交通大臣が新たに作成する。

⑵ 事業者はハード，ソフト両面の計画策定並びに取り組み状況の報告，公表を行う。

③ 地域における取り組み強化

⑴ 市町村がバリアフリー方針を定める「マスタープラン制度」を創設
　　事業を実施する地域や事業内容設定を行う。

⑵ 協定制度および容積率特例の創設
　　近隣建物との連携によるバリアフリー化促進を図る。既存施設にバリアフリーのためのスペースがないなどの場合，近接する建物に通路を適し，バリアフリートイレを設置するなど，近隣建物等の所有者の合意に基づき，連続的，継続的にバリアフリー環境を維持していく。

④ さらなる利用しやすさ確保に向けたさまざまな施策の充実

⑴ 従来の路線バス，離島航路等に加え，新たに貸切バス・遊覧船等の導入時におけるバリアフリー基準適合を義務化

⑵ 従来の公共交通機関に加え，新たに道路，建築物等のバリアフリー情報の提供を努力義務化

⑶ バリアフリー取り組みについて，障害者等の参画の下，評価等を行う会

議を設置

5．国等による障害者就労施設等からの物品等の調達の推進等に関する法律（障害者優先調達推進法）[4]

　国等による障害者就労施設等からの物品等の調達の推進等に関する法律（障害者優先調達推進法）は，障害者就労施設で就労する障害者や在宅で就業する障害者の経済面の自立を進めるため，国や地方公共団体，独立行政法人などの公機関が，物品やサービスを調達する際，障害者就労施設等から優先的・積極的に購入することを推進するため，2012（平成24）年 6 月に制定され，2013（平成25）年 4 月から施行されている。

　障害者が自立した生活を送るためには，就労によって経済的な基盤を確立することが重要であるため，障害者雇用を支援するための仕組みを整えるとともに，障害者が就労する施設等の仕事を確保し，その経営基盤を強化することも必要となる。このような観点から，これまで障害者就労施設等への仕事の発注に関し，民間企業をはじめ国や地方公共団体等においてさまざまな取り組みが行われてきた。この法律では，国や地方公共団体等が率先して障害者就労施設等からの物品等の調達を行う（図表 7 - 12）ことを推進するよう，必要な措置を講じることを定めている。

　国は，障害者就労施設等からの物品等の調達の推進について基本方針を定め，各省庁および独立行政法人等は，毎年度，国の基本方針に沿って，障害者就労施設等からの物品等の調達方針を作成するとともに，当該年度の終了後，実績を公表する。地方公共団体（都道府県，市町村）および地方独立行政法人は，毎年度，障害者就労施設等からの物品等の調達方針を作成するとともに，当該年度の終了後，調達の実績を公表する。国および独立行政法人等が行う公契約について，競争参加資格を定める際，障害者の雇用の促進等に関する法律に規定する法定雇用率を満たしていることを要件とするなど，障害者の就業を促進す

図表 7 −12　障害者優先調達推進法における障害者就労支援の仕組み

出所）https://www.mhlw.go.jp/seisakunitsuite/bunya/hukushi_kaigo/shougaishahukushi/yuusen-choutatsu/dl/pamphlet.pdf（2021年 3 月30日閲覧）

るために必要な措置を講ずるよう努める。また，地方公共団体および地方独立行政法人は，国および独立行政法人等の措置に準じて必要な措置を講ずるよう努めることとされた。対象となる障害者就労施設等については，図表 7 −13のとおりである。

　発注の例としては，物品としては，弁当，ユニフォーム，部品等，サービスとしては，クリーニング，清掃，印刷，データ入力等が想定されている。

　発注する際の窓口として，① 共同受注窓口と ② 在宅就業支援団体がある。共同受注窓口は，受注内容を対応可能な複数の障害福祉サービス事業所に斡旋・仲介する業務，在宅就業支援団体は，会員の在宅就業障害者と発注者とを仲介する業務を行っており，調達の際に活用できるよう，厚生労働省から全国の障害者就労支援施設の一覧とともに情報提供されている。

図表7－13　対象となる障害者就労施設等

障害者総合支援法に基づく障害福祉サービス事業所・施設等
・就労移行支援事業所 ・就労継続支援事業所（A型・B型） ・生活介護事業所 ・障害者支援施設（就労移行支援，就労継続支援，生活介護を行うものに限る） ・地域活動支援センター ・小規模作業所
障害者を多数雇用している企業
・障害者雇用促進法の特例子会社 ・重度障害者多数雇用事業所（※） 　（※）重度障害者多数雇用事業所の要件 　　　①　障害者の雇用者数が5人以上 　　　②　障害者の割合が従業員の20%以上 　　　③　雇用障害者に占める重度身体障害者，知的障害者および精神障害者の割合が 　　　　　30%以上
在宅就業障害者等
・自宅等において物品の製造，役務の提供等の業務を自ら行う障害者（在宅就業障害者） ・在宅就業障害者に対する援助の業務等を行う団体（在宅就業支援団体）

出所）厚生労働省「障害者優先調達推進法パンフレット」より

6．障害を理由とする差別の解消の推進に関する法律（障害者差別解消法）[5]

　この法律は，障害者基本法第4条に基本原則として以下の通り規定されている差別の禁止を具体化するためのものであり，国連の「障害者の権利に関する条約」の締結に向けた国内法制度の整備の一環として，すべての国民が，障害の有無によって分け隔てられることなく，相互に人格と個性を尊重し合いながら共生する社会の実現に向け，障害を理由とする差別の解消を推進することを目的として，2013（平成25）年6月，障害を理由とする差別の解消の推進に関する法律（障害者差別解消法）が制定された（施行は一部の附則を除き2016（平成28）年4月1日）。

　①障害を理由とする差別等の権利侵害行為の禁止(障害者基本法第4条第1項)

　何人も，障害者に対して，障害を理由として，差別することその他の権利利益を侵害する行為をしてはならない。

② 社会的障壁の除去を怠ることによる権利侵害の防止（同条第2項）

　社会的障壁の除去は，それを必要としている障害者が現に存し，かつ，その実施に伴う負担が過重でないときは，それを怠ることによって前項の規定に違反することとならないよう，その実施について必要かつ合理的な配慮がされなければならない。

③ 国による啓発・知識の普及を図るための取組（同条第3項）

　国は，第1項の規定に違反する行為の防止に関する啓発および知識の普及を図るため，当該行為の防止を図るために必要となる情報の収集，整理および提供を行うものとする。

④ 差別を解消するための措置

　差別的取扱いの禁止について，国・地方公共団体等，民間事業者に法的義務を課し，また，合理的配慮の不提供の禁止については，国・地方公共団体等には法的義務を，民間事業者には努力義務を課した。

　政府全体の具体的対応の方針として，差別の解消の推進に関する基本方針が策定された。その内容は，国・地方公共団体等については，それぞれの取り組みに関する要領を策定すること（地方の策定は努力義務），事業者については，事業分野別の指針（ガイドライン）を策定すること，および，これらの実効性の確保を図るため，主務大臣による民間事業者に対する報告徴収，助言・指導，勧告を行うこととされている。

⑤ 差別を解消するための支援措置

　紛争解決・相談について，既存の相談，紛争解決の制度の活用・充実を図り，これらの体制を整備するとともに，地域における連携については，障害者差別解消支援地域協議会における関係機関等の連携を図ることとされた。また，普及・啓発活動の実施，国内外における差別および差別の解消に向けた取り組みに関する情報の収集，整理および提供を行うこととさ

図表7－14　障害者差別解消法の概要

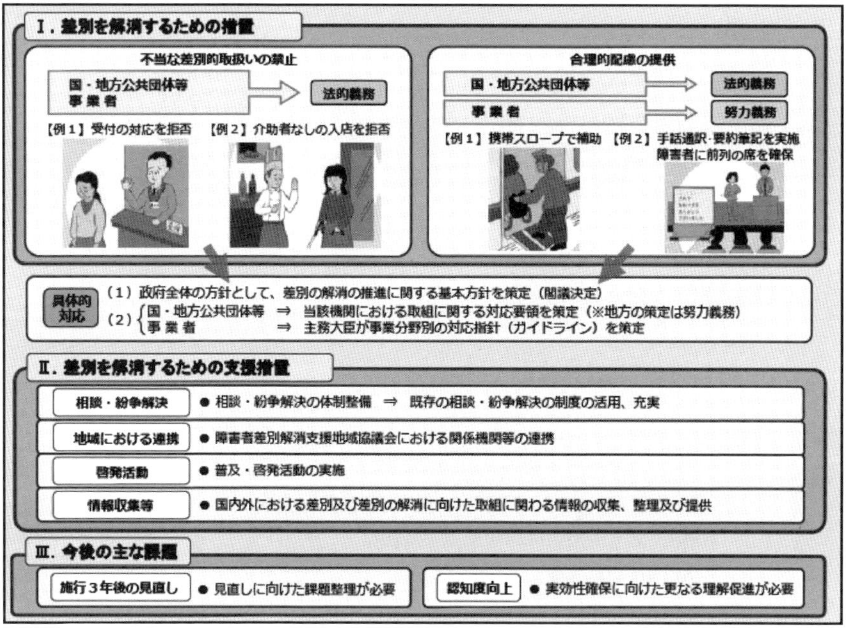

出所）内閣府
https://www8.cao.go.jp/shougai/whitepaper/h30hakusho/zenbun/h1_02_02_03.html（2021年
3月30日閲覧）

れている。

　なお，法施行後3年を目途に必要な見直しを検討することとされている。

7．その他

　その他にも，予防接種法（昭和23年法律第68号），公害健康被害の補償等に関する法律（昭和48年法律第111号），独立行政法人医薬品医療機器総合機構法（平成14年法律第192号），戦傷病者戦没者遺族等援護法（昭和27年法律第127号），戦傷病者特別援護法（昭和38年法律第168号），恩給法（大正12年法律第個号），原子爆弾被爆者に対する援護に関する法律（平成6年法律第117号），災害弔慰金の支給

図表 7 −15　障害者関連法等

領　域	法律名等
福祉関係	障害者基本法
	身体障害者福祉法
	知的障害者福祉法
	精神保健及び精神障害者福祉に関する法律（精神保健福祉法）
	発達障害者支援法
	障害者の日常生活及び社会生活を総合的に支援するための法律（障害者総合支援法）
	社会福祉法
	児童福祉法（障害児関連）
	生活保護法
	介護保険法
保健・医療関係	難病の患者に対する医療等に関する法律（難病法）
	母子保健法
	児童福祉法（小児慢性特定疾病医療費の支給）
	高齢者の医療の確保に関する法律
	国民健康保険法
	健康保険法
	共済組合健康保険
年金・手当関係	国民年金法
	厚生年金保険法
	共済組合年金
	特定障害者に対する特別障害給付金の支給に関する法律
	独立行政法人福祉医療機構法
	特別児童扶養手当等の支給に関する法律
	児童扶養手当法
雇用・労働関係	障害者の雇用の促進等に関する法律
	国等による障害者就労施設等からの物品等の調達の推進等に関する法律（障害者優先調達法）
	雇用保険法
	労働者災害補償保険法
	最低賃金法
	あん摩マッサージ指圧師，はり師，きゅう師等に関する法律
税制関係	所得税法
	地方税法

	相続税法
	関税定率法
交通・建築関係	高齢者，障害者等の移動等の円滑化の促進に関する法律
	道路交通法
	身体障害者補助犬法
	自動車損害賠償保障法
	身体障害者旅客運賃割引規則・知的障害者旅客運賃割引規則
	公営住宅法
通信・放送関係	身体障害者の利便の増進に資する通信・放送身体障害者利用円滑化事業の推進に関する法律
	放送法
教育関係	教育基本法
	学校教育法
権利関係	障害を理由とする差別の解消の推進に関する法律（障害者差別解消法）
	障害者虐待の防止，障害者の養護者に対する支援等に関する法律（障害者虐待防止法）
	著作権法
	障害のある児童及び生徒のための教科用特定図書等の普及の促進等に関する法律
	公職選挙法
	民法
更生保護関係	更生保護法
	心神喪失等の状態で重大な他害行為を行った者の医療及び観察等に関する法律（医療観察法）
その他	予防接種法，
	公害健康被害の補償等に関する法律，
	独立行政法人医薬品医療機器総合機構法，
	戦傷病者戦没者遺族等援護法，
	戦傷病者特別援護法，
	恩給法，
	原子爆弾被爆者に対する援護に関する法律
	災害弔慰金の支給等に関する法律，
	災害対策基本法，
	刑法，
	石油需給適正化法

等に関する法律（昭和48年法律第82号）等といった，見舞金の支給等の国家賠償
にかかわる法律においてさまざまな障害手当が規定されていたり，災害対策基
本法（昭和36年法律第223号），刑法（明治40年法律第45号），石油需給適正化法（昭
和48年法律第122号）等といった，障害者に対する特別な保護を規定した法律等，
さまざまな法律において障害者が取り上げられている。

注)

1）昭和三十五年法律第百二十三号　障害者の雇用の促進等に関する法律
　　https://elaws.e-gov.go.jp/document?lawid=335AC0000000123　総務省 e-Gov「法
　　令用語検索」（2021年3月30日閲覧）
2）平成二十三年法律第七十九号　障害者の養護者に対する支援等に関する法律
　　https://elaws.e-gov.go.jp/document?lawid=423AC1000000079_20180401_428AC0
　　000000065　総務省 e-Gov「法令用語検索」（2021年3月30日閲覧）
3）平成十八年法律第九十一号　高齢者、障害者等の移動等の円滑化の促進に関す
　　る法律
　　https://elaws.e-gov.go.jp/document?lawid=418AC0000000091_20201201_502AC0
　　000000042&keyword=　総務省 e-Gov「法令用語検索」（2021年3月30日閲覧）
4）平成二十四年法律第五十号　国等による障害者就労施設等からの物品等の調達
　　の推進等に関する法律
　　https://elaws.e-gov.go.jp/document?lawid=424AC1000000050_20180401_428AC0
　　000000065　総務省 e-Gov「法令用語検索」（2021年3月30日閲覧）
5）障害を理由とする差別の解消の推進に関する法律（平成二十五年法律第六十五号）
　　https://www8.cao.go.jp/shougai/suishin/law_h25-65.html　内閣府（2021年3月
　　30日閲覧）

参考文献
厚生労働統計協会編『国民の福祉と介護の動向　2019/2020』（第66巻第10号）厚生
　　労働統計協会，2019年
内閣府編『障害者白書（各年度)』
精神保健福祉研究会監修『我が国の精神保健福祉（平成22年度版)』太陽美術，2010年

読者のための参考図書
内閣府編『障害者白書（各年度)』
　　わが国の障害者福祉の動向を知るために必要な一冊である。
精神保健福祉研究会監修『我が国の精神保健福祉（平成22年度版)』太陽美術，2010年
　　わが国の精神保健福祉の動向を知るために必要な一冊である。

野崎和義『福祉のための法学（第 3 版)』ミネルヴァ書房，2009年
　　社会福祉と法について知らなければならない基礎的なことを学ぶための好著である。

───[演習問題]────────────────────────────

① 　あなたが住む自治体（周辺の自治体も含め）における障害者の移動等に関する問題点を調べてみよう。

② 　心神喪失者等医療観察法に基づく施策と，その現状および課題について調べてみよう。

══

◇◇◇◇◇◇◇◇◇◇◇◇◇◇◇◇◇◇◇◇ ✿考えてみよう ◇◇◇◇◇◇◇◇◇◇◇◇◇◇◇◇◇◇◇◇

❶ 　公平性と競争，福祉サービスと効率は，同時に成立することか考えてみよう。

❷ 　差別を受ける対象は，どのように無力化されていくか考えてみよう。

❸ 　援助者の拠り所とはなにか，考えてみよう。

◇◇◇

索　引

シリーズ　社会福祉のすすめ

最新　障害者福祉のすすめ

2021年4月30日　　第一版第一刷発行　　　　　　　　　〈検印省略〉

編著者——和　田　光　一

　　　　　筒　井　澄　栄

発行者——田　中　千津子

発行所——㈱学　文　社

〒153-0064　東京都目黒区下目黒3－6－1

電話　03（3715）1501

振替　00130-9-98842

印刷／東光整版印刷 ㈱

落丁，乱丁本は，本社にてお取替えします。　　　https://www.gakubunsha.com
定価は，カバーに表示してあります。

ISBN 978-4-7620-3095-6